Projet OCDE/G20 sur l'érosion de la base d'imposition et le transfert de bénéfices

Limiter l'érosion de la base d'imposition faisant intervenir les déductions d'intérêts et d'autres frais financiers, Action 4 - 2015 Rapport final

OCDE

DES POLITIQUES MEILLEURES POUR UNE VIE MEILLEURE

Ce document et toute carte qu'il peut comprendre sont sans préjudice du statut de tout territoire, de la souveraineté s'exerçant sur ce dernier, du tracé des frontières et limites internationales, et du nom de tout territoire, ville ou région.

Merci de citer cet ouvrage comme suit :
OCDE (2015), *Limiter l'érosion de la base d'imposition faisant intervenir les déductions d'intérêts et d'autres frais financiers, Action 4 - 2015 Rapport final*, Projet OCDE/G20 sur l'érosion de la base d'imposition et le transfert de bénéfices, Éditions OCDE, Paris.
http://dx.doi.org/10.1787/9789264250154-fr

ISBN 978-92-64-25014-7 (imprimé)
ISBN 978-92-64-25015-4 (PDF)

Série : Projet OCDE/G20 sur l'érosion de la base d'imposition et le transfert de bénéfices
ISSN 2313-2620 (imprimé)
ISSN 2313-2639 (en ligne)

Les corrigenda des publications de l'OCDE sont disponibles sur : *www.oecd.org/about/publishing/corrigenda.htm*.

Avant-propos

Les questions fiscales internationales sont aujourd'hui plus que jamais au cœur des préoccupations des pouvoirs publics. L'intégration des économies et des marchés nationaux a connu une accélération marquée ces dernières années, mettant à l'épreuve le cadre fiscal international conçu voilà plus d'un siècle. Les règles en place ont laissé apparaître des fragilités qui sont autant d'opportunités pour des pratiques d'érosion de la base d'imposition et de transfert de bénéfices (BEPS), appelant une action résolue de la part des dirigeants pour restaurer la confiance dans le système et faire en sorte que les bénéfices soient imposés là où les activités économiques sont réalisées et là où la valeur est créée.

À la suite de la parution du rapport intitulé *Lutter contre l'érosion de la base d'imposition et le transfert de bénéfices* en février 2013, les pays de l'OCDE et du G20 ont adopté en septembre 2013 un Plan d'action en 15 points visant à combattre ces pratiques. Les 15 actions à mener s'articulent autour de trois principaux piliers : harmoniser les règles nationales qui influent sur les activités transnationales, renforcer les exigences de substance dans les standards internationaux existants, et améliorer la transparence ainsi que la certitude.

Depuis lors, tous les pays de l'OCDE et du G20 ont œuvré sur un pied d'égalité, et la Commission européenne a également apporté sa contribution tout au long du projet BEPS. Les pays en développement ont été étroitement associés au moyen de différents mécanismes, notamment une participation directe aux travaux du Comité des affaires fiscales. En outre, des organisations fiscales régionales, comme le Forum sur l'administration fiscale africaine (ATAF), le Centre de rencontres et d'études des dirigeants des administrations fiscales (CREDAF), et le Centre interaméricain des administrations fiscales (CIAT), ont travaillé aux côtés d'organisations internationales, telles que le Fonds monétaire international (FMI), la Banque mondiale et les Nations Unies. Les parties prenantes ont été largement consultées : au total, le projet BEPS a fait l'objet de plus de 1 400 contributions d'entreprises, de fiscalistes, d'ONG et d'universitaires. 14 réunions publiques de consultation se sont tenues et ont été transmises en direct sur l'Internet, tandis que le Secrétariat de l'OCDE a diffusé des sessions interactives sur le Web afin de tenir le public informé de l'évolution du projet et de répondre à ses questions.

Après deux ans de travail, les 15 rapports prévus par le Plan d'action ont été établis. Tous ces rapports, y compris ceux publiés à titre provisoire en 2014, ont été réunis au sein d'un ensemble complet de mesures, qui représente le premier remaniement d'importance des règles fiscales internationales depuis près d'un siècle. La mise en œuvre des nouvelles mesures devrait conduire les entreprises à déclarer leurs bénéfices là où les activités économiques qui les génèrent sont réalisées et là où la valeur est créée. Les stratégies de planification fiscale qui s'appuient sur des règles périmées ou sur des dispositifs nationaux mal coordonnés seront caduques.

La mise en œuvre revêt donc une importance cruciale à ce stade. L'application des mesures prévues passe par des modifications de la législation et des pratiques nationales et par l'adoption de nouvelles dispositions conventionnelles, grâce à la négociation d'un instrument multilatéral qui devrait aboutir en 2016. Les pays de l'OCDE et du G20 ont également décidé de poursuivre leur coopération en vue de garantir une application cohérente et coordonnée des recommandations issues du projet BEPS. La mondialisation exige de trouver des solutions de portée mondiale et de nouer un dialogue mondial qui va au-delà des pays de l'OCDE et du G20. Pour promouvoir cet objectif, les pays de l'OCDE et du G20 concevront en 2016 un mécanisme complet de suivi auquel tous les pays intéressés participeront sur un pied d'égalité.

Une meilleure compréhension de la manière dont les recommandations issues du projet BEPS sont mises en pratique pourrait limiter les malentendus et les différends entre États. Une attention accrue portée à la mise en œuvre des actions et à l'administration de l'impôt pourrait être bénéfique tant pour les États que pour les entreprises. Enfin, des solutions sont proposées pour améliorer les données et les analyses, ce qui permettra d'évaluer et de quantifier régulièrement l'impact des mécanismes d'érosion de la base d'imposition et transfert de bénéfices et les résultats des mesures issues du projet BEPS appliquées pour lutter contre ces pratiques.

Table des matières

Encadrés

Graphiques

Tableaux

Abréviations et acronymes

BEPS Érosion de la base d'imposition et transfert de bénéfices *(Base erosion and profit shifting)*

BIAC Comité consultatif économique et industriel auprès de l'OCDE

EBIT Bénéfice avant charges d'intérêts et impôts

EBITDA Bénéfice avant charges d'intérêts, impôts, amortissement et provisions

GAAP Principes comptables généralement reconnus

IFRS Normes internationales d'information financière

OCDE Organisation de coopération et de développement économiques

OPC Organisme de placement collectif

PwC PricewaterhouseCoopers

SEC Société étrangère contrôlée

TFUE Traité sur le fonctionnement de l'Union européenne

UE Union européenne

USD Dollar des États-Unis

Synthèse

En raison de la mobilité et de la fongibilité de l'argent, les groupes multinationaux peuvent aisément obtenir des résultats fiscaux favorables en jouant sur le montant de la dette au sein d'une entité du groupe. L'influence des règles fiscales sur la localisation de la dette au sein de groupes multinationaux est attestée par un certain nombre d'études et il est bien connu que les groupes peuvent très facilement gonfler le montant de la dette au niveau des différentes entités qui les composent au moyen du financement intragroupe. Ils peuvent également recourir à des instruments financiers pour procéder à des paiements qui sont économiquement équivalents à des intérêts mais qui ont une forme juridique différente, échappant ainsi aux limites de déductibilité des intérêts. Les risques d'érosion de la base d'imposition et de transfert de bénéfices (BEPS) dans ce domaine peuvent survenir dans les trois principaux cas de figure suivants :

- Les groupes recourent davantage à des emprunts auprès de tierces parties dans des pays à fiscalité élevée.
- Les groupes utilisent des prêts intragroupes pour générer des déductions d'intérêts bien supérieures à leurs charges d'intérêts réelles envers des tierces parties.
- Les groupes recourent à l'emprunt auprès de parties liées ou aux prêts intragroupes pour financer la production d'un revenu exonéré d'impôt.

Pour neutraliser ces risques, l'Action 4 du *Plan d'action concernant l'érosion de la base d'imposition et le transfert de bénéfices* (Plan d'action concernant le BEPS, OCDE, 2013) demande d'élaborer des recommandations de bonne pratique concernant la conception de règles destinées à empêcher l'érosion de la base d'imposition faisant intervenir des charges d'intérêts. Ce rapport analyse plusieurs bonnes pratiques et recommande une approche qui traite directement les risques évoqués ci-dessus. L'approche recommandée est basée sur une règle fondée sur un ratio déterminé qui limite les déductions nettes d'une entité au titre d'intérêts et de paiements économiquement équivalents à des intérêts à un certain pourcentage de son résultat avant charges d'intérêts, impôts, amortissement et provisions (EBITDA). Cette règle devrait s'appliquer au minimum aux entités membres de groupes multinationaux. Pour faire en sorte que les pays appliquent un ratio déterminé à un niveau suffisamment bas pour pouvoir contrer les pratiques de BEPS, tout en reconnaissant que les pays ne sont pas tous dans la même situation, l'approche recommandée prévoit une fourchette de ratios compris entre 10 % et 30 %. Le rapport présente également des facteurs dont les pays devraient tenir compte lorsqu'ils fixent leur ratio dans cette fourchette. L'approche peut être complétée par une règle fondée sur un ratio à l'échelle du groupe mondial qui autorise une entité à dépasser cette limite dans certaines circonstances.

Reconnaissant que certains groupes recourent davantage à l'emprunt auprès de tierces parties pour des raisons non fiscales, l'approche recommandée propose d'utiliser une règle fondée sur un ratio de groupe parallèlement à la règle fondée sur un ratio déterminé. Cette règle autoriserait une entité qui dépasse le ratio de référence à déduire des dépenses d'intérêts jusqu'à concurrence du ratio intérêts nets/EBITDA de son groupe mondial.

La règle fondée sur un ratio de groupe basé sur le résultat peut aussi être remplacée par d'autres règles, comme la clause de sauvegarde (qui compare le niveau des fonds propres et des actifs d'une entité à celui de son groupe) actuellement en usage dans certains pays. Un pays peut aussi choisir de ne pas introduire de règle fondée sur un ratio de groupe. Dans ce cas, il doit appliquer la règle fondée sur un ratio déterminé aux entités appartenant à des groupes multinationaux et nationaux, sans discrimination indue.

L'approche recommandée touchera principalement les entités qui affichent à la fois un haut niveau de charges nettes d'intérêts et un ratio intérêts nets/EBITDA élevé, en particulier lorsque le ratio de l'entité est supérieur à celui de son groupe mondial. Cette approche est simple à appliquer et garantit que les déductions d'intérêts d'une entité sont directement liées au bénéfice imposable généré par son activité économique. Une caractéristique importante de la règle fondée sur un ratio déterminé est qu'elle limite uniquement les déductions nettes d'intérêts d'une entité (celles qui dépassent ses produits d'intérêts). La règle ne restreint pas la capacité d'un groupe multinational à centraliser ses emprunts auprès de tierces parties dans le pays et dans l'entité qui sont les plus efficients, compte tenu de facteurs non fiscaux tels que la note de crédit, la devise et l'accès aux marchés financiers, puis à rétrocéder les fonds empruntés à l'intérieur du groupe, là où ils serviront à financer ses activités économiques.

Par ailleurs, l'approche recommandée autorise également un pays à compléter la règle fondée sur un ratio déterminé et la règle fondée sur un ratio de groupe par d'autres dispositions qui atténuent l'impact des règles sur les entités ou les situations qui posent moins de risques de BEPS, par exemple :

- Un seuil monétaire qui exclut les entités dont le niveau des charges nettes d'intérêts est faible. Lorsqu'un groupe compte plusieurs entités dans un pays, le seuil devrait s'appliquer au total des dépenses d'intérêts nettes de l'ensemble du groupe local.
- Une exclusion au titre des intérêts payés à des tiers créanciers sur des prêts utilisés pour financer des projets d'intérêt public, sous certaines conditions. Dans ces circonstances, une entité peut être fortement endettée mais, en raison de la nature des projets et du lien étroit avec le secteur public, le risque de BEPS est réduit.
- Le report en avant de charges d'intérêts non déductibles et/ou d'une capacité inutilisée à déduire des intérêts (lorsque les déductions nettes d'intérêts effectives d'une entité sont inférieures au maximum autorisé) pour utilisation lors d'exercices futurs. Cette faculté atténuera l'impact de la volatilité du résultat sur la capacité d'une entité à déduire des charges d'intérêts. Le report en avant de charges d'intérêts non déductibles aidera également les entités qui encourent des charges d'intérêts sur des investissements à long terme qui ne génèreront un bénéfice imposable que des années plus tard, et permettra aux entités enregistrant des pertes de demander des déductions d'intérêts lorsqu'elles renouent avec les bénéfices.

Le rapport recommande également que l'approche soit étayée par des règles ciblées visant à empêcher qu'elle ne soit contournée, par exemple en réduisant artificiellement le niveau des charges nettes d'intérêts. En outre, les pays sont invités à envisager de mettre en place des règles destinées à neutraliser les risques spécifiques de BEPS qui ne sont pas couverts par l'approche recommandée, par exemple lorsqu'une entité sans charges nettes d'intérêts abrite des produits d'intérêts.

Enfin, le rapport reconnaît que les secteurs de la banque et de l'assurance présentent des caractéristiques spécifiques qui doivent être prises en compte et qu'il est donc nécessaire d'élaborer des règles adaptées et spécifiques portant sur les risques de BEPS dans ces secteurs.

Des travaux techniques supplémentaires seront entrepris sur des aspects spécifiques de l'approche recommandée, notamment sur le fonctionnement détaillé de la règle fondée sur un ratio à l'échelle du groupe mondial et sur des règles spécifiques visant à neutraliser les risques posés par les groupes exerçant leurs activités dans les secteurs de la banque et de l'assurance. Ces travaux devraient être achevés en 2016.

Le montant des intérêts intragroupes et des paiements économiquement équivalents à des intérêts est également affecté par les règles relatives aux prix de transfert. Les révisions du chapitre I des Principes directeurs applicables en matière de prix de transfert qui se rapportent aux actions 8 à 10 du Plan d'action concernant le BEPS (OCDE, 2013), contenues dans le rapport intitulé *Faire en sorte que les prix de transfert calculés sont conformes à la création de valeur*, limitent le montant des intérêts payables aux sociétés d'un groupe qui n'ont pas une substance suffisante au seul rendement sans risque généré par le financement octroyé et prévoient que les synergies de groupe doivent être prises en compte lors de l'évaluation des paiements financiers intragroupe. Des travaux supplémentaires sur les aspects des transactions financières qui touchent aux prix de transfert seront entrepris en 2016 et en 2017.

Une mise en œuvre coordonnée de l'approche recommandée réduira la capacité des groupes multinationaux à recourir à l'endettement pour se livrer à des pratiques de BEPS. Pour que l'approche recommandée reste un instrument efficace de lutte contre les pratiques de BEPS qui font intervenir des intérêts, la mise en œuvre, le fonctionnement et l'effet de l'approche recommandée feront l'objet d'un suivi dans la durée, qui débouchera si nécessaire sur un réexamen complet et éclairé.

Introduction

Pratiques d'érosion de la base d'imposition et de transfert de bénéfices qui utilisent les intérêts et les paiements économiquement équivalents à des intérêts

1. L'utilisation d'intérêts dans le cadre d'emprunts auprès de parties liées et de tierces parties est probablement l'une des techniques les plus simples employées pour transférer des bénéfices dans le cadre d'une planification fiscale internationale. En raison de la fluidité et de la fongibilité de l'argent, il est relativement aisé d'agir sur le dosage des emprunts et des capitaux propres dans une entité contrôlée. Dans ce contexte, l'Action 4 du Plan d'action concernant l'érosion de la base d'imposition et le transfert de bénéfices (Plan d'action concernant le BEPS, OCDE, 2013) demande :

> [*d'*]*élaborer des recommandations concernant des pratiques exemplaires pour la conception de règles visant à empêcher l'érosion de la base d'imposition par l'utilisation de paiements d'intérêts, par exemple le recours à l'emprunt auprès d'une partie liée ou d'une tierce partie en vue de réaliser des déductions excessives d'intérêts ou de financer la production d'un revenu exonéré ou différé, et d'autres paiements qui sont économiquement équivalents à des paiements d'intérêts. Les travaux permettront d'évaluer l'efficacité de différents types de limitations. En lien avec les travaux précédents et à l'appui de ces travaux, des instructions relatives aux prix de transfert seront également établies concernant la tarification des transactions financières entre parties liées, qui incluent les garanties financières et garanties de bonne exécution, les instruments dérivés (y compris les produits dérivés internes utilisés dans les opérations intrabancaires), les sociétés d'assurance captives et autres dispositifs d'assurance. Ces travaux seront menés en coordination avec ceux consacrés aux montages hybrides et aux règles relatives aux SEC.*

2. La plupart des pays taxent différemment les emprunts et les capitaux propres en vertu de leur législation fiscale. Les intérêts d'emprunt constituent généralement une dépense que le payeur peut déduire et une recette sur laquelle le bénéficiaire acquitte un impôt à taux ordinaire. En revanche, les dividendes ou autres rendements de capitaux propres ne sont généralement pas déductibles et leur bénéficiaire reçoit le plus souvent un allégement d'impôt sous une forme ou une autre (exception, exclusion, crédit, etc.). Si, dans un contexte purement national, ces différences de traitement peuvent aboutir à ce que l'emprunt et les capitaux propres supportent une charge fiscale globale similaire, la différence de traitement dont le payeur fait l'objet génère, dans un contexte international, un biais induit par l'impôt en faveur du recours à l'emprunt. Cette distorsion est amplifiée par les techniques de planification fiscale qui peuvent être employées pour réduire ou supprimer l'impôt sur les produits d'intérêts dans la juridiction du bénéficiaire.

3. Dans le contexte international, les principaux enjeux de politique fiscale concernant les déductions d'intérêts portent sur le financement par emprunt des investissements entrants et sortants de groupes. Les sociétés mères sont généralement en mesure de demander un

allégement au titre de leurs charges d'intérêts, tandis que le rendement des capitaux propres est taxé sur une base préférentielle, puisqu'il bénéficie d'une exonération des participations, d'un taux d'imposition préférentiel ou d'un impôt limité aux seuls bénéfices distribués. D'un autre côté, les filiales peuvent être massivement financées par recours à l'emprunt, et supportent ainsi une fraction disproportionnée des charges d'intérêts totales du groupe, tandis que les déductions d'intérêts sont utilisées pour soustraire des bénéfices locaux à l'impôt. Cumulées, ces possibilités concernant l'investissement entrant et sortant peuvent fausser la concurrence entre les groupes exerçant des activités internationales et ceux présents uniquement sur le marché national. Cette situation se répercute négativement sur la neutralité des structures d'actionnariat, en favorisant fiscalement les actifs détenus par des groupes multinationaux plutôt que par des groupes uniquement présents sur le marché national[1]. En outre, comme le Plan d'action concernant le BEPS l'indique (OCDE, 2013), lorsque des groupes exploitent ces possibilités, cela a pour conséquence d'amputer les recettes publiques et de nuire à l'intégrité du système fiscal. Le recours aux déductions d'intérêts pour financer un revenu reporté ou exempté à des fins fiscales, et l'obtention d'un allégement au titre de déductions d'intérêts supérieures aux charges d'intérêts nettes effectives du groupe, peuvent aussi contribuer à l'érosion de la base d'imposition et au transfert de bénéfices. Les techniques employées pour parvenir à ces résultats incluent l'utilisation de prêts intragroupes pour générer des charges d'intérêts déductibles dans des juridictions fortement taxées et des produits d'intérêts imposables dans des juridictions faiblement taxées ; la mise au point d'instruments hybrides qui donnent lieu à des charges d'intérêts déductibles sans revenu imposable correspondant ; l'utilisation d'entités hybrides ou d'entités à double résidence pour prétendre à plusieurs déductions au titre des mêmes charges d'intérêts ; et l'utilisation de prêts pour investir dans des actifs structurés qui génèrent un rendement qui n'est pas taxé en tant que bénéfice ordinaire.

Encadré **1. Exemple de l'impact de l'impôt sur la localisation des charges d'intérêts**[2]

Ces exemples supposent qu'aucune disposition, notamment les règles d'établissement des prix de transfert ou relatives à la sous-capitalisation, ne vient restreindre la capacité d'un groupe à obtenir des déductions au titre de ses charges d'intérêts.

Investissement sortant

Prenons le cas d'un groupe à structure simple, comprenant deux entreprises (A Co et B Co). A Co est résidente d'un pays où le taux de l'impôt sur les bénéfices des sociétés est de 35 % et dans lequel les dividendes de source étrangère sont exonérés d'impôt. B Co est résidente d'un pays où le taux de l'impôt sur les bénéfices des sociétés est de 15 %.

B Co emprunte 100 USD à une banque tierce à un taux d'intérêt de 10 %[3]. B Co utilise ces fonds pour ses activités et dégage un bénéfice d'exploitation supplémentaire de 15 USD. Après déduction des charges d'intérêts de 10 USD, B Co réalise un bénéfice avant impôts de 5 USD et un bénéfice après impôts de 4.25 USD.

En alternative, A Co pourrait emprunter 100 USD à la banque et les verser à B Co sous forme de capitaux propres. Dans ce cas, B Co ne supporte aucune charge d'intérêt et l'intégralité de son bénéfice d'exploitation, soit 15 USD, est soumise à l'impôt. B Co réalise désormais un bénéfice avant impôts de 15 USD et un bénéfice après impôts de 12.75 USD. À supposer que A Co puisse imputer ses charges d'intérêts à un autre revenu, A Co supporte un coût avant impôts de 10 USD et un coût après impôts de 6.50 USD. À elles deux, A Co et B Co réalisent un bénéfice total avant impôts sur cette transaction de 5 USD et un bénéfice total après impôts de 6.25 USD.

Encadré 1. Exemple de l'impact de l'impôt sur la localisation des charges d'intérêts *(suite)*

Grâce au transfert de la charge d'intérêt de B Co à A Co, le groupe est désormais soumis à un taux d'imposition effectif négatif (puisque le bénéfice après impôts du groupe dépasse son bénéfice avant impôts).

Investissement entrant

Un résultat analogue peut aussi être obtenu avec un investissement entrant.

Dans ce cas, A Co est résidente d'un pays où le taux de l'impôt sur les bénéfices des sociétés est de 15 %, et B Co est résidente d'un pays où le taux de l'impôt sur les bénéfices des sociétés est de 35 %.

B Co emprunte 100 USD à une banque tierce à un taux d'intérêt de 10 %. B Co utilise ces fonds pour ses activités et dégage un bénéfice d'exploitation supplémentaire de 15 USD. Après déduction des charges d'intérêts de 10 USD, B Co réalise un bénéfice avant impôts de 5 USD et un bénéfice après impôts de 3.25 USD.

A Co pourrait remplacer 50 USD de sa participation dans B Co par un prêt du même montant à taux d'intérêt de 10 % (le même qui celui qui grève le prêt octroyé par la banque tierce). Dans ce cas, B Co réalise un bénéfice avant et après impôt égal à zéro. A Co perçoit des intérêts sur son prêt à B Co, et réalise un bénéfice avant impôts de 5 USD et un bénéfice après impôts de 4.25 USD. Le groupe a ainsi réduit son taux effectif d'imposition de 35 % à 15 % en transférant des bénéfices de B Co à A Co.

Si l'on va plus loin, A Co pourrait remplacer 100 USD de sa participation dans B Co par un prêt du même montant. À supposer que B Co puisse imputer ses charges d'intérêts à un autre revenu, B Co enregistre désormais une perte avant impôts de 5 USD et une perte après impôts de 3.25 USD au titre de cette transaction. A Co perçoit des intérêts de B Co, et réalise un bénéfice avant impôts de 10 USD et un bénéfice après impôts de 8.50 USD. À elles deux, A Co et B Co réalisent un bénéfice avant impôts de 5 USD et un bénéfice après impôts de 5.25 USD. En sous-capitalisant B Co et en transférant des bénéfices à A Co, le groupe bénéficie désormais d'un taux effectif d'imposition négatif.

4. L'existence du phénomène de transfert de la dette à l'échelle internationale est attestée par un certain nombre d'études théoriques qui montrent que les groupes multinationaux recourent davantage à l'endettement dans leurs filiales situées dans des pays à fiscalité élevée (Møen et al., 2011 ; Huizinga, Laeven et Nicodeme, 2008 ; Mintz et Weichenrieder, 2005 ; Desai, Foley et Hines, 2004). Le transfert de la dette touche non seulement les pays développés, mais aussi ceux en développement qui, selon certaines études, sont encore plus vulnérables à ce phénomène (Fuest, Hebous et Riedel, 2011). Les études théoriques ont montré que la sous-capitalisation est une pratique étroitement liée aux groupes multinationaux (Taylor et Richardson, 2013), et que les entreprises étrangères recourent davantage à l'endettement que des entreprises comparables à capitaux nationaux (Egger et al., 2010). Le recours à l'emprunt auprès de parties liées ou de tierces parties permet d'obtenir des fonds supplémentaires (Møen et al., 2011), tandis que les prêts intragroupes sont habituellement employés dans les cas où les coûts d'emprunt auprès de tierces parties sont élevés (Buettner et al., 2012). Les études théoriques ont également examiné l'efficacité des règles encadrant la sous-capitalisation en montrant que ces règles ont pour effet de réduire la dette totale des filiales (Blouin et al., 2014 ; Buettner et al., 2012). Lorsque ces règles portent uniquement sur les déductions d'intérêts au titre d'emprunts auprès de parties liées, elles

parviennent à réduire la dette intragroupe, mais conduisent à une augmentation de la dette envers des tierces parties, bien que dans une moindre mesure (Buettner et al., 2012).

5. L'effet des règles de limitation des intérêts sur l'investissement a également fait l'objet d'études théoriques, qui abordent le sujet selon deux méthodes différentes : des modèles théoriques et des analyses empiriques. Lorsqu'ils analysent l'impact des règles de limitation des intérêts sur l'investissement d'un point de vue théorique, les chercheurs suggèrent que ces règles augmenteraient le coût réel du capital, et donc réduiraient l'investissement réel (Ruf et Schindler, 2012). L'approche théorique est étayée par des études qui laissent penser que certains pays fixent des règles laxistes en matière de sous-capitalisation afin de protéger l'investissement direct étranger (Haufer et Runkel, 2012). Néanmoins, les analyses empiriques limitées qui ont été faites ne corroborent pas cette théorie. Deux études, qui analysent l'effet des règles allemandes de limitation des intérêts sur l'investissement, ne décèlent aucune preuve tangible de réduction de l'investissement due aux règles de sous-capitalisation (Weichenrieder et Windischbauer, 2008) ou de plafonnement des intérêts basé sur un ratio des charges d'intérêts rapportées aux bénéfices (Buslei et Simmler, 2012)[4]. Dans le même temps, l'absence de données empiriques peut s'expliquer par un certain nombre de facteurs, notamment le fait que les groupes multinationaux peuvent se soustraire à l'application de la règle de limitation des intérêts en exploitant les failles de la législation ou en modifiant leur structure de capital (Ruf et Schindler, 2012). Toutefois, au vu des éléments susmentionnés, les données empiriques disponibles ne semblent pas suffisantes pour tirer des conclusions tranchées sur l'effet réel des règles de limitation des intérêts sur l'investissement étranger.

6. Les pays ont mis en place toute une série de règles pour faire face à ces problèmes. Il s'agit notamment de règles générales de limitation des intérêts qui plafonnent le niveau des déductions d'intérêts auxquelles une entité peut prétendre, et de règles ciblés qui visent des risques de planification spécifiques. Lorsque des règles générales de limitation des intérêts sont utilisées, certains pays les appliquent uniquement à l'investissement entrant, tandis que d'autres s'efforcent d'appréhender à la fois l'investissement entrant et sortant. Les principales catégories de règles appliquées par les pays sont examinées plus loin dans cette introduction. Ces règles ont eu plus ou moins de succès, mais il s'avère qu'en agissant isolément, les pays ne parviennent pas à traiter certains aspects qui sont au cœur du problème. Cela s'explique en partie par le fait que, grâce à la fongibilité de l'argent et à la flexibilité des instruments financiers, les groupes peuvent contourner les lois et obtenir des avantages analogues en utilisant des outils différents. Cela a conduit les pays à adopter sans cesse de nouvelles règles ou à modifier celles existantes, ce qui accroît la complexité sans résoudre les principaux problèmes sous-jacents. S'ajoute à cela la crainte que si un seul pays venait à restreindre drastiquement les déductions d'intérêts, l'attrait de ce pays pour les entreprises internationales faiblirait et la compétitivité mondiale de ses entreprises diminuerait.

7. Dès lors, une approche cohérente fondée sur les meilleures pratiques internationales est essentielle pour résoudre les problèmes liés à l'utilisation des intérêts à des fins d'érosion de la base d'imposition et de transfert de bénéfices. Cette approche doit inciter les groupes multinationaux à adopter des structures de financement dans lesquelles *(i)* les charges d'intérêts nettes d'une entité seraient liées aux dépenses d'intérêts nettes de toutes les entités du groupe, et *(ii)* la répartition des charges d'intérêts nettes dépendrait des activités génératrices de revenus. Une approche cohérente entre pays devrait aussi être profitable aux entreprises internationales. Des règles analogues fondées sur les mêmes principes devraient rendre leur application plus prévisible, et permettre aux entreprises de planifier leurs structures de capital avec plus de confiance. Elles pourraient aussi faciliter

la mise en place de systèmes et de procédures à l'échelle du groupe afin de générer les informations requises, ce qui simplifierait l'observation des règles dans de multiples pays et en réduirait les coûts. Une approche homogène devrait également supprimer les distorsions, réduire le risque de double imposition fortuite et, en éliminant les possibilités d'érosion de la base d'imposition et de transfert de bénéfices, améliorer l'équité et l'égalité entre groupes.

Le Plan d'action BEPS et les charges d'intérêts

8. En 2012, le G20 a demandé à l'Organisation de coopération et de développement économiques (OCDE) d'analyser le problème de l'érosion de la base d'imposition et du transfert de bénéfices et d'élaborer un plan d'action visant à traiter ces questions de manière globale et coordonnée. Le Plan d'action concernant le BEPS (OCDE, 2013) a été présenté par l'OCDE en juillet 2013 et contient 15 actions. Plusieurs d'entre elles portent sur différents aspects des pratiques d'érosion de la base d'imposition et de transfert de bénéfices qui utilisent des intérêts. Les mécanismes qui utilisent des instruments financiers hybrides ou des entités hybrides pour générer deux déductions fiscales pour le même paiement, ou les paiements déductibles par leur auteur mais qui ne sont pas taxés en tant que revenu ordinaire à la charge de leur bénéficiaire, font l'objet de règles types élaborées au titre de l'Action 2 (*Neutraliser les effets des montages hybrides*). L'Action 3 (*Renforcer les règles relatives aux SEC*) élabore des recommandations concernant la conception des règles relatives aux sociétés étrangères contrôlées(SEC), qui traiteront notamment la question des produits d'intérêts dans des entreprises contrôlées situées dans des juridictions faiblement taxées. L'Action 4 (*Limiter l'érosion de la base d'imposition via les déductions d'intérêts et autres frais financiers*), sur laquelle ce document se concentre, formulera des recommandations de bonne pratique pour la conception de règles visant à lutter contre les pratiques d'érosion de la base d'imposition et de transfert de bénéfices faisant intervenir des intérêts et des paiements économiquement équivalents à des intérêts, en alignant les déductions d'intérêts sur l'activité économique imposable. L'Action 4 fait également référence à l'élaboration d'instructions relatives aux prix de transfert pour les transactions financières entre parties liées, qui fera l'objet d'un projet distinct qui sera mené en 2017. Ces travaux ne doivent en aucun cas empêcher les pays de mettre en œuvre l'approche de bonne pratique décrite dans ce rapport. Les révisions du chapitre I des Principes directeurs applicables en matière de prix de transfert qui se rapportent aux actions 8 à 10 (Actifs incorporels; Risques et capital; et Autres transactions à haut risque) limitent le montant des intérêts payables aux sociétés d'un groupe qui n'ont pas une substance suffisante au seul rendement sans risque généré par le financement octroyé et prévoient que les synergies de groupe doivent être prises en compte lors de l'évaluation des paiements financiers intragroupe.

9. L'Action 4 se concentre sur le recours à l'emprunt auprès d'une tierce partie, d'une partie liée ou intragroupes en vue de réaliser des déductions excessives d'intérêts ou de financer la production d'un revenu exonéré ou différé. Une approche de bonne pratique pour lutter contre ces problèmes devrait s'appliquer à toutes les formes d'intérêts et de paiements équivalents à des intérêts, pour que des groupes se trouvant dans une situation équivalente soient soumis au même traitement et pour éviter qu'un groupe puisse contourner la règle en structurant ses emprunts sous une forme juridique différente. Les pratiques d'érosion de la base d'imposition et de transfert de bénéfices peuvent s'appuyer sur des dispositifs qui utilisent l'emprunt auprès d'une tierce partie (lorsque par exemple une entité ou un pays supporte une fraction excessive des charges d'intérêts nettes totales du groupe auprès de la tierce partie) ou sur l'emprunt intragroupe (lorsque par exemple un

groupe utilise des dépenses d'intérêts intragroupes pour transférer un revenu imposable d'un pays fortement taxé vers un pays faiblement taxé). Elles peuvent aussi se produire lorsque des paiements sont effectués en faveur d'un créancier situé dans le même pays ou à l'étranger. Par exemple, le phénomène d'érosion de la base d'imposition et de transfert de bénéfices peut survenir à l'intérieur d'un pays si des intérêts sont payés à une tierce partie dans le cadre d'un dispositif structuré, ou si des intérêts sont payés à une entité du groupe située dans le même pays qui procède à un paiement correspondant en faveur d'un créancier étranger. Pour lutter efficacement contre le BEPS, une approche de bonne pratique doit donc s'appliquer dans toutes ces situations.

Approches existantes de la lutte contre les pratiques d'érosion de la base d'imposition et de transfert de bénéfices utilisant les charges d'intérêts

10. Les recommandations formulées dans ce rapport sont le résultat de travaux de fond qui se sont penchés sur les questions suivantes : avantages et inconvénients de différents types de règles ;expérience des pays du fonctionnement pratique des règles et notamment de leurs conséquences sur le comportement des contribuables ; données empiriques sur l'endettement des groupes et des entités situés dans des pays qui appliquent ou non des règles visant à limiter les déductions d'intérêts ; et résultats d'études théoriques.

11. Les règles actuellement appliquées par les pays relèvent de six grandes catégories, et certains pays suivent des approches qui associent plusieurs types de règles.

1. Les tests de pleine concurrence, qui comparent le niveau d'intérêts ou d'endettement dans une entité avec la position qui aurait existé si l'entité traitait exclusivement avec des tierces parties.
2. Les retenues à la source sur les paiements d'intérêts, utilisées pour attribuer des droits d'imposition à une juridiction de la source.
3. Les règles qui rejettent un pourcentage des charges d'intérêts d'une entité, quelle que soit la nature du paiement ou l'identité de son bénéficiaire.
4. Les règles qui limitent le niveau des charges d'intérêts ou de la dette dans une entité en se référant à un ratio déterminé. Citons en exemples le ratio d'endettement, le ratio intérêts/résultat et le ratio intérêts/actifs totaux.
5. Les règles qui limitent le niveau des charges d'intérêts ou de la dette dans une entité en se référant à la position globale du groupe.
6. Les règles ciblées anti-évasion qui refusent la déductibilité des charges d'intérêts sur certaines transactions.

12. Un test fondé sur le principe de pleine concurrence nécessite de prendre en compte les circonstances particulières d'une entité, le volume d'emprunts que l'entité pourrait obtenir auprès de tiers et les conditions de ces emprunts. Il permet à l'administration fiscale de se concentrer sur la situation commerciale particulière d'une entité ou d'un groupe, mais son application peut mobiliser beaucoup de moyens et prendre beaucoup de temps aux contribuables comme à l'administration. Par ailleurs, chaque entité étant étudiée séparément, l'application d'une règle peut aboutir à des résultats incertains, même si cette incertitude peut être atténuée par des accords préalables avec l'administration. Le test de pleine concurrence présente l'avantage de reconnaître que le niveau des charges d'intérêts peut varier d'une entité à l'autre en fonction des circonstances qui leur sont propres. Toutefois, certains pays qui suivent une telle approche dans la pratique s'interrogent sur son

efficacité pour empêcher les pratiques d'érosion de la base d'imposition et de transfert de bénéfices, bien qu'elle puisse compléter utilement d'autres règles (par exemple pour fixer le prix des produits et des charges d'intérêts d'une entité avant d'appliquer les règles de limitation des intérêts). Ainsi, dans certains pays, les groupes multinationaux structurent leurs emprunts intragroupes en leur attribuant des caractéristiques de fonds propres afin de justifier des charges d'intérêts très supérieures à celles effectivement supportées par le groupe au titre de ses emprunts auprès de tierces parties. En outre, un test fondé sur le principe de pleine concurrence n'empêche pas une entité de réclamer une déduction au titre de dépenses d'intérêts utilisées pour financer des investissements dans des actifs ou des flux de revenus non imposables, ce qui constitue un risque d'érosion de la base d'imposition spécifiquement mentionné dans le Plan d'action concernant le BEPS (OCDE, 2013).

13. Les retenues à la source servent principalement à attribuer les droits d'imposition à un pays de la source, mais en taxant les paiements transfrontaliers, elles peuvent également réduire l'avantage que les groupes tirent des transactions d'érosion de la base d'imposition et de transfert de bénéfices. Les retenues à la source présentent l'avantage d'être un instrument relativement mécanique facile à mettre en œuvre et à administrer. Mais à moins d'être appliquées au même taux que l'impôt sur les sociétés, elles ne suppriment pas les possibilités de BEPS. De fait, dans certains cas, les retenues à la source peuvent même favoriser les pratiques d'érosion de la base d'imposition et de transfert de bénéfices, lorsque des groupes concluent des dispositifs structurés afin d'échapper à un impôt ou d'obtenir des avantages fiscaux supplémentaires (plusieurs entités réclament un crédit au titre de la retenue à la source, par exemple). Lorsqu'une retenue à la source est appliquée, la double imposition peut être allégée en accordant un crédit dans le pays où le paiement est reçu, bien que l'efficacité de cette mesure diminue si le crédit est plafonné au montant de l'impôt sur le bénéfice net. Cela peut imposer un coût significatif aux groupes qui ne se livrent pas à des pratiques d'érosion de la base d'imposition et de transfert de bénéfices, si une entité supporte une retenue à la source sur ses produits d'intérêts nets mais n'est pas en mesure de demander un crédit correspondant parce que son bénéfice imposable est minoré par des charges d'intérêts. Dans la pratique, lorsqu'une retenue à la source s'applique, son taux est souvent minoré (parfois même ramené à zéro) en vertu de conventions fiscales bilatérales. Par ailleurs, il serait extrêmement difficile pour les États membres de l'Union européenne(UE) d'appliquer des retenues à la source sur les paiements d'intérêts effectués au sein de l'UE du fait de la Directive sur les intérêts et redevances[5]. En outre, certains pays n'appliquent pas de retenue à la source aux paiements d'intérêts pour des raisons politiques, de sorte que l'introduction de nouvelles taxes serait difficile. Pour toutes ces raisons, dans de nombreuses situations, les retenues à la source ne seraient pas un instrument judicieux pour répondre pleinement aux risques d'érosion de la base d'imposition et de transfert de bénéfices qui font l'objet de ce rapport. Toutefois, les pays peuvent continuer d'appliquer des retenues à la source parallèlement à la bonne pratique.

14. Les règles qui rejettent un certain pourcentage du total des intérêts payés par une entité ont pour conséquence que le coût du financement par emprunt dépasse n'importe quel seuil monétaire. C'est pourquoi des entités relativement peu endettées seront soumises à la même exclusion proportionnelle que des entités similaires très endettées. Ces règles peuvent être plus efficaces pour atténuer le biais général de la fiscalité en faveur du recours à l'emprunt plutôt qu'aux fonds propres que pour cibler les pratiques d'érosion de la base d'imposition et de transfert de bénéfices.

15. Pour les raisons exposées ci-dessus, les règles appartenant aux catégories 1 à 3 ne satisfont pas à tous les objectifs de l'Action 4 indiqués dans le Plan d'action concernant le

BEPS (OCDE, 2013). C'est pourquoi elles ne font pas partie des recommandations adoptées pour combattre les pratiques d'érosion de la base d'imposition et de transfert de bénéfices utilisant des intérêts et des paiements économiquement équivalents à des intérêts si elles ne sont pas renforcées par d'autres règles de limitation des intérêts. Cela ne signifie pas que ces règles n'aient pas leur intérêt dans la politique fiscale d'un pays, aux côtés d'une approche de bonne pratique, soit à l'appui de cette approche, soit pour atteindre d'autres objectifs de politique fiscale. Aussi, après avoir adopté l'approche de bonne pratique, un pays peut continuer d'appliquer un test fondé sur le principe de pleine concurrence, une retenue à la source sur les intérêts, ou des règles qui rejettent un certain pourcentage du total des intérêts payés, à condition qu'ils ne réduisent pas l'efficacité de la bonne pratique de lutte contre le phénomène de BEPS.

16. L'approche de bonne pratique décrite dans ce rapport combine tout ou partie des règles relevant des catégories 4 à 6 ci-dessus. Une limitation générale des déductions d'intérêts réduirait la capacité d'une entité à déduire des charges d'intérêts nettes en se référant à un ratio financier déterminé. Elle pourrait être combinée à une règle autorisant l'entité à déduire plus d'intérêts à concurrence du ratio financier équivalent du groupe s'il est plus élevé. Si un pays n'adopte pas une règle fondée sur un ratio de groupe, il doit appliquer la règle fondée sur un ratio déterminé aux entités appartenant à des groupes multinationaux et nationaux, sans discrimination indue. Ces règles générales devraient être complétées par des règles ciblées qui viseraient les stratégies d'optimisation destinées à atténuer ou à éviter l'effet des règles générales, ainsi qu'à traiter des risques spécifiques non couverts par les règles générales. Cette approche devrait prémunir efficacement les pays contre les pratiques d'érosion de la base d'imposition et de transfert de bénéfices utilisant les intérêts, sans pour autant empêcher les entreprises de souscrire les emprunts nécessaires pour financer leurs activités économiques et commerciales.

17. Les règles qui limitent les charges d'intérêts par référence à un ratio déterminé sont relativement simples à appliquer et associent le niveau des charges d'intérêts à une mesure de l'activité économique d'une entité. Ces règles sont actuellement appliquées par un certain nombre de pays. Néanmoins, la conception des règles actuelles n'apporte pas toujours une réponse très efficace au problème de l'érosion de la base d'imposition et du transfert de bénéfices. La majorité des pays qui appliquent actuellement des règles fondées sur un ratio déterminé associent la déductibilité des intérêts au niveau de fonds propres dans une entité, en général au moyen de règles relatives à la sous-capitalisation basées sur un test du ratio d'endettement. Le principal avantage de ce test est que les administrations fiscales n'ont guère de mal à se procurer les informations requises sur le niveau d'endettement et de fonds propres d'une entité, et qu'il procure aux groupes un degré raisonnable de certitude dans la planification de leur financement. Néanmoins, ces avantages doivent être mis en balance avec un certain nombre d'importants inconvénients. Une règle qui limite le niveau d'endettement d'une entité peut toujours offrir une grande souplesse quant au taux d'intérêt que l'entité devra acquitter. De même, un test fondé sur les capitaux propres permet aux entités dotées d'un niveau supérieur de fonds propres de déduire davantage de charges d'intérêts, de sorte qu'il est relativement facile pour un groupe de manipuler le résultat du test en majorant le niveau de fonds propres d'une entité particulière. L'exemple 1 à l'annexe D en donne une illustratrion. Les pays impliqués dans ces travaux ont donc décidé de ne pas inclure les tests fondés sur un ratio d'endettement déterminé en tant que règle générale de limitation des intérêts dans une approche de bonne pratique de lutte contre l'érosion de la base d'imposition et le transfert de bénéfices. Toutefois, cela ne signifie pas que ces tests ne peuvent pas jouer un rôle utile dans la stratégie fiscale globale de limitation des déductions d'intérêts.

18. Ces dernières années, les pays ont été de plus en plus nombreux à mettre en place des tests fondés sur un ratio déterminé, basé sur le ratio intérêts nets/résultat d'une entité, qui constitue un outil plus efficace pour lutter contre le BEPS. Avec ces tests, la mesure du résultat utilisée est en général le résultat avant charges d'intérêts, impôts, amortissement et provisions (EBITDA). La plupart des pays utilisent actuellement une mesure fiscale de l'EBITDA. De l'avis général, toutefois, les groupes internationaux sont très souvent encore en mesure de prétendre à des déductions d'intérêts dont le montant est largement supérieur aux charges d'intérêts effectives du groupe envers des tierces parties. Les données disponibles, analysées dans le chapitre 6, indiquent que la majorité des groupes multinationaux cotés en bourse ayant un EBITDA positif enregistrent un ratio charges d'intérêts nettes envers des tierces parties/EBITDA inférieur à 10 %, calculé à partir des informations financières consolidées communiquées.

19. Les règles qui comparent le niveau de dépenses d'intérêts ou d'endettement d'une entité à celui de son groupe sont moins fréquentes, mais un petit nombre de pays les applique néanmoins. Ces tests fondés sur un ratio de groupe font généralement référence à des ratios d'endettement. Toutefois, très souvent, le montant des capitaux propres dans une entité est au mieux un indicateur indirect de son niveau d'activité et, comme on l'a vu, peut être facilement manipulé.

20. Des règles ciblées peuvent compléter une règle générale de limitation des intérêts et ont donc leur place dans une approche de bonne pratique. De nombreux pays ont mis en place des règles ciblées anti-évasion qui peuvent constituer une parade efficace face aux risques spécifiques d'érosion de la base d'imposition et de transfert de bénéfices. Néanmoins, l'apparition de nouvelles stratégies de BEPS peut nécessiter l'élaboration de nouvelles règles ciblées ; on constate donc la mise en place progressive de règles supplémentaires, qui aboutissent à un système plus complexe et donc potentiellement plus coûteux à administrer et à appliquer. Une approche comportant une règle générale efficace de limitation des intérêts devrait réduire la nécessité d'adopter des règles ciblées supplémentaires, même si certaines d'entre elles resteront nécessaires pour faire face à des risques spécifiques. Toutefois, ces règles ciblées doivent être compatibles avec les règles générales de limitation des intérêts recommandées dans ce rapport.

Questions relatives au droit de l'Union européenne

21. Les exigences imposées par le droit de l'Union européenne à ses États membres ont été prises en compte tout au long de ces travaux, et notamment la nécessité que les approches recommandées soient compatibles avec les libertés inscrites dans le Traité CE, les directives et les règlements relatifs aux aides publiques. Bien que les pays non membres de l'UE ne soient pas tenus de respecter ces obligations, la nécessité d'élaborer une approche internationale cohérente signifie que toute approche qui ne pourrait pas être pleinement mise en œuvre par les 28 États membres de l'UE ne sera probablement pas efficace pour s'attaquer au problème mondial de l'érosion de la base d'imposition et du transfert de bénéfices. L'annexe A aborde les questions spécifiques afférentes aux libertés inscrites dans le Traité CE, aux directives et aux règlements relatifs aux aides publiques, ainsi que les approches possibles pour les traiter.

Notes

1. Un groupe national est un groupe qui exerce la totalité de ses activités dans un seul pays.
2. La première partie de cet exemple est adaptée de Graetz (2008).
3. Tous les montants monétaires indiqués dans cet exemple sont libellés en dollars des États-Unis (USD). Cet exemple est donné à des fins d'illustration uniquement et ne reflète pas un cas réel ou la position d'un pays en particulier.
4. Weichenrieder et Windischbauer (2008) ont analysé l'effet de l'introduction en 1994, puis du raffinement en 2001, de l'ancienne règle allemande sur la sous-capitalisation. Buslei et Simmler (2012) ont analysé les effets de l'introduction de la règle actuelle de limitation de la déductibilité des intérêts en Allemagne en 2008.
5. Directive du Conseil 2003/49/CE du 3 juin 2003 concernant un régime fiscal commun applicable aux paiements d'intérêts et de redevances effectués entre des sociétés associées d'États membres différents.

Chapitre 1

Recommandations pour élaborer une approche de bonne pratique

22. L'objectif essentiel des travaux se rattachant à l'Action 4 est de trouver des solutions cohérentes et homogènes pour lutter contre l'érosion de la base d'imposition et le transfert de bénéfices faisant intervenir des intérêts et des paiements économiquement équivalents à des intérêts. Pour élaborer l'approche de bonne pratique décrite dans ce rapport, l'accent a été mis sur la nécessité d'apporter une réponse efficace aux risques auxquels les pays sont confrontés tout en déjouant les tentatives de planification fiscale visant à éviter ou à réduire son application ou son effet. Dans le même temps, l'approche retenue devrait être relativement simple à appliquer par les groupes multinationaux et par les autorités fiscales. Les sections suivantes décrivent brièvement cette approche, dont les différents éléments sont examinés plus en détail dans les chapitres qui suivent.

23. L'approche de bonne pratique s'articule autour d'une règle fondée sur un ratio déterminé qui limite les déductions nettes d'intérêts d'une entité à un certain pourcentage de ses bénéfices, qui correspondent à son résultat avant frais financiers, impôts, amortissement et provisions (EBITDA), en utilisant des montants établis à des fins fiscales. Cette règle est

Graphique 1.1. **Aperçu de l'approche de bonne pratique**

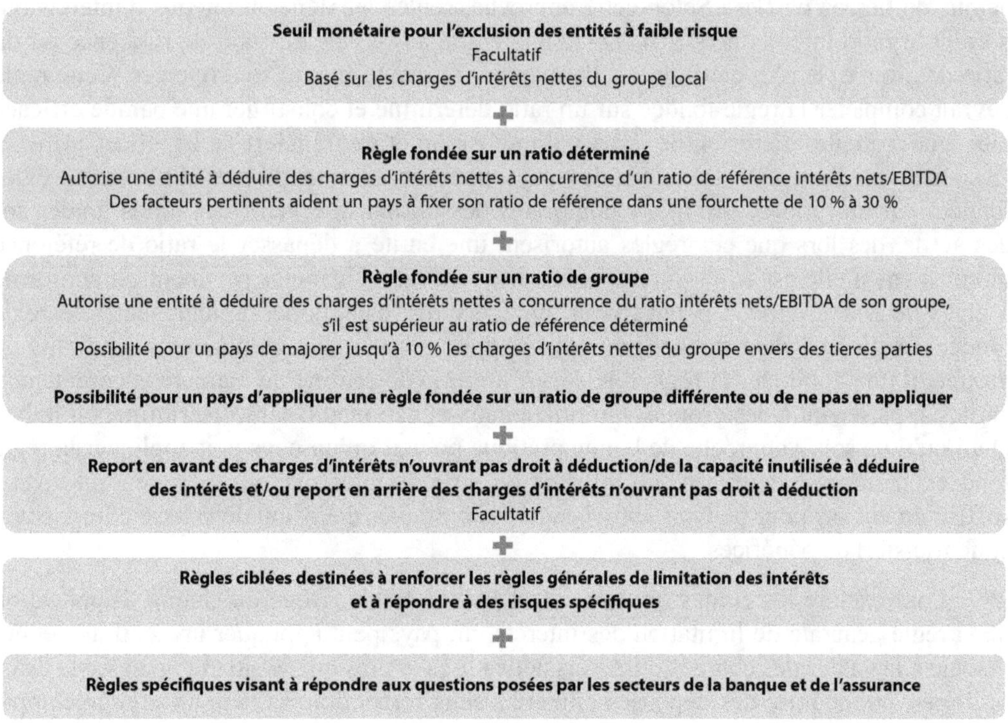

simple à appliquer et garantit que les déductions d'intérêts d'une entité sont directement proportionnelles à son activité économique. De même, les déductions sont directement liées au bénéfice imposable de l'entité, ce qui protège la règle contre les stratégies de planification fiscale. Comme le chapitre 5 l'explique, bien que l'EBITDA soit l'indicateur du résultat préconisé, les pays sont libres d'adopter des règles basées sur le résultat d'exploitation (EBIT). Dans des cas bien précis, un pays peut appliquer une règle fondée sur un ratio déterminé basé sur la valeur des actifs plutôt que sur le résultat. Le chapitre 6 définit les facteurs qu'un pays doit prendre en compte pour élaborer le ratio de référence utilisé pour la règle fondée sur un ratio déterminé, dans un intervalle de 10 % à 30 %.

24. Une règle fondée sur un ratio déterminé protège un pays contre les pratiques de BEPS, mais constitue un outil imprécis qui ne tient pas compte du fait que les groupes dont les activités couvrent différents secteurs peuvent nécessiter différents niveaux de financement par la dette, et que, au sein d'un même secteur, certains groupes sont plus endettés pour des raisons non fiscales. Si un ratio de référence est fixé à un niveau approprié pour lutter contre les pratiques d'érosion de la base d'imposition et de transfert de bénéfices, il peut entraîner une double imposition pour les groupes dont l'endettement est supérieur à ce niveau. C'est pourquoi les pays sont invités à associer une règle solide et efficace fondée sur un ratio déterminé à une règle fondée sur un ratio de groupe qui permet à une entité de déduire plus de dépenses d'intérêts dans certaines circonstances. Une règle fondée sur un ratio de groupe peut être mise en place en tant que disposition distincte de la règle fondée sur un ratio déterminé, ou faire partie intégrante d'une règle globale qui comporte à la fois des tests fondés sur un ratio déterminé et sur un ratio de groupe.

25. Le chapitre 7décrit une règle fondée sur un ratio de groupe, qui autorise une entité qui dépasse le ratio de référence à déduire des dépenses d'intérêts jusqu'à concurrence du ratio intérêts nets envers des tierces parties/EBITDA de son groupe, s'il est supérieur au ratio de référence. Pour calculer le ratio du groupe, un pays peut aussi appliquer une majoration pouvant atteindre 10 % aux charges d'intérêts nettes du groupe envers des tierces parties (ses charges d'intérêts envers des tierces parties après déduction des produits d'intérêts perçus de tierces parties). Selon cette approche, seules les dépenses nettes d'intérêts qui portent le ratio intérêts nets/EBITDA d'une entité au-dessus du ratio de référence ou du ratio de groupe (le plus élevé de ces deux montants étant retenu) sont rejetées. Cette règle devrait compléter la règle fondée sur un ratio déterminé et constituer une parade efficace face aux pratiques d'érosion de la base d'imposition et de transfert de bénéfices utilisant les dépenses d'intérêts. Toutefois, les pays peuvent aussi appliquer différentes règles fondées sur un ratio de groupe, y compris celles faisant intervenir des ratios fondés sur des actifs, dès lors que ces règles autorisent une entité à dépasser le ratio de référence uniquement si elle est en mesure de prouver qu'un ratio financier pertinent est conforme à celui de son groupe. Un pays peut aussi décider d'appliquer uniquement une règle fondée sur un ratio déterminé. Si un pays n'applique pas une règle fondée sur un ratio de groupe, il doit appliquer la règle fondée sur un ratio déterminé de manière cohérente aux entités appartenant à des groupes multinationaux et nationaux, sans discrimination indue. Quoi qu'il en soit, l'approche de bonne pratique prévoit qu'un pays doit appliquer la règle fondée sur un ratio déterminé en utilisant un ratio de référence qui se situe à un niveau suffisamment bas pour pouvoir appréhender les pratiques d'érosion de la base d'imposition et de transfert de bénéfices.

26. Pour exclure les entités qui présentent le plus faible risque du champ d'application de la règle générale de limitation des intérêts, un pays peut appliquer un seuil monétaire associé à la valeur des charges d'intérêts nettes. Les entités qui se situent en dessous de ce seuil peuvent déduire des dépenses d'intérêts sans restriction. Lorsqu'un groupe compte

plusieurs entités dans un pays, le seuil doit tenir compte du total des dépenses d'intérêts nettes de l'ensemble du groupe local, y compris toutes les entités situées dans ce pays. Lorsqu'une règle est appliquée au niveau d'une seule entité, un pays doit envisager de mettre en place des règles anti-fragmentation pour empêcher qu'un groupe échappe à l'application d'une règle de limitation des intérêts en créant de multiples entités qui se situent toutes en dessous du seuil.

27. Les règles qui associent les déductions d'intérêts à l'EBITDA posent des problèmes lorsque les charges d'intérêts et les résultats d'une entité sont comptabilisés à des périodes différentes. Cette situation peut résulter à la volatilité des résultats, qui signifie que la capacité d'une entité à déduire des intérêts varie d'une année à l'autre, ou tenir au fait qu'une entité a engagé des dépenses d'intérêts pour financer un investissement qui produira un résultat lors d'un exercice futur. Pour atténuer ces problèmes, un pays peut autoriser les entités à reporter sur des exercices futurs les charges d'intérêts non admises en déduction ou la capacité inemployée de déduction d'intérêts, ou à reporter en arrière, vers des exercices antérieurs, des charges d'intérêts non déductibles. Les pays sont invités à fixer des limites à ces possibilités de report en avant et en arrière.

28. Une règle fondée sur un ratio déterminé et une règle fondée sur un ratio de groupe devraient constituer un cadre efficace pour lutter contre la plupart des pratiques de BEPS faisant intervenir des intérêts et des paiements économiquement équivalents à des intérêts. Ces règles générales de limitation des intérêts devraient être complétées par des règles ciblées qui protègent l'intégrité des règles générales et qui couvrent les risques spécifiques d'érosion de la base d'imposition et de transfert de bénéfices qui subsistent.

29. En raison des caractéristiques spécifiques des secteurs de la banque et de l'assurance, la règle fondée sur un ratio déterminé et la règle fondée sur un ratio de groupe décrites dans ce rapport ne sont probablement pas efficaces pour combattre les pratiques d'érosion de la base d'imposition et de transfert de bénéfices faisant intervenir des intérêts dans ces secteurs. Comme le chapitre 10 l'explique, des travaux supplémentaires seront engagés, et menés à bien en 2016, en vue de définir des règles ciblées adaptées pour répondre aux risques d'érosion de la base d'imposition et de transfert de bénéfices posés par les banques et les compagnies d'assurance.

30. Il est recommandé que, pour le moins, l'approche de bonne pratique décrite dans ce rapport s'applique à toutes les entités qui font partie d'un groupe multinational. Les pays peuvent aussi appliquer l'approche de manière plus étendue et inclure les entités membres d'un groupe national et/ou les entités autonomes qui ne font pas partie d'un groupe. Dans certains cas, les pays peuvent être tenus de le faire. À cet égard, l'annexe A résume les questions de droit communautaire qui se posent, et énumère les facteurs qui doivent être pris en compte par les États membres de l'Union européenne.

31. L'approche de bonne pratique présentée dans ce rapport devrait apporter une réponse efficace aux pratiques de BEPS faisant intervenir des intérêts et des paiements économiquement équivalents à des intérêts. Toutefois, les pays sont libres d'appliquer des règles plus strictes que celles exposées dans ce rapport, soit pour combattre l'érosion de la base d'imposition et le transfert de bénéfices, soit pour atteindre d'autres objectifs de politique fiscale. Par exemple, l'approche de bonne pratique peut être complétée par des règles générales ou ciblées de limitation des intérêts qu'un pays juge appropriées pour faire face aux risques qu'il rencontre. Il est également admis qu'un pays peut mettre en place des règles de limitation des intérêts qui poursuivent des objectifs plus vastes, comme atténuer le biais fiscal en faveur du recours à l'emprunt, et qu'il ne voudra pas renoncer à ces objectifs, ou qu'un pays pourrait se doter de règles pour atteindre ces objectifs. L'exemple 2

à l'annexe D illustre comment l'approche de bonne pratique peut être combinée à d'autres règles de limitation des intérêts. Enfin, lorsqu'il met en œuvre une approche de bonne pratique, un pays devrait tenir compte des obligations qui découlent de sa constitution (comme l'égalité de traitement des contribuables) et des spécificités de son régime fiscal dans son ensemble. Ces facteurs peuvent, par exemple, avoir une incidence sur l'application d'un seuil monétaire, le fonctionnement d'une règle fondée sur un ratio déterminé ou d'une règle fondée sur un ratio de groupe, et l'utilisation des reports en avant. Le chapitre 11 examine les modalités d'application de la règle fondée sur un ratio déterminé et de la règle fondée sur un ratio de groupe dans les pays dotés d'un régime d'imposition séparée des entités ou d'un régime d'imposition sur une base consolidée.

32. Les sections suivantes de ce rapport examinent plus en détail la structure et le fonctionnement de l'approche de bonne pratique, en mettant l'accent sur les aspects suivants :

- les intérêts et les paiements économiquement équivalents à des intérêts,
- à qui l'approche de bonne pratique devrait s'appliquer,
- l'application d'une approche de bonne pratique basée sur le niveau des charges d'intérêts ou d'endettement,
- la mesure de l'activité économique par référence aux résultats ou à la valeur des actifs,
- une règle fondée sur un ratio déterminé,
- une règle fondée sur un ratio de groupe,
- le traitement des problèmes de volatilité et de double imposition,
- les règles ciblées,
- l'application de l'approche de bonne pratique aux groupes bancaires et d'assurance,
- la mise en œuvre de l'approche de bonne pratique.

Chapitre 2

Intérêts et paiements économiquement équivalents à des intérêts

33. La plupart des pays considèrent les charges d'intérêts comme une dépense fiscalement déductible, mais chaque pays suit sa propre approche pour déterminer quelles sont les dépenses traitées comme des intérêts et donc déductibles à des fins fiscales. Ce rapport n'a pas pour objet d'arrêter une définition des intérêts qui soit appliquée par tous les pays à toutes fins fiscales. Des différences persisteront entre pays quant aux éléments considérés comme des charges d'intérêts déductibles, et les pays continueront d'utiliser leurs propres définitions des intérêts à d'autres fins fiscales, par exemple pour les retenues à la source. Toutefois, pour définir des pratiques exemplaires en vue de concevoir des règles permettant de lutter contre le BEPS, les pays ont intérêt à adopter une approche qui soit globalement cohérente pour déterminer les éléments couverts par ces règles, gage de certitude pour les entreprises et d'une démarche coordonnée entre les pays. Par conséquent, ce chapitre définit les éléments qui doivent être couverts par une règle de bonne pratique afin de lutter contre l'érosion de la base d'imposition et le transfert de bénéfices.

34. Dans leur plus simple expression, les intérêts représentent ce que coûte l'argent emprunté. Si toutefois la portée d'une règle se limitait à cette seule catégorie de paiements[1], elle poserait trois problèmes principaux :

- elle ne permettrait pas de traiter tout l'éventail des risques d'érosion de la base d'imposition et de transfert de bénéfices que les pays rencontrent en lien avec les déductions d'intérêts et les paiements similaires;
- elle serait contraire à l'équité en appliquant un traitement différent à des groupes qui se trouvent dans une situation économique identique mais qui utilisent différents mécanismes de financement;
- les groupes multinationaux pourraient aisément la contourner en restructurant leurs prêts en d'autres mécanismes de financement.

35. Pour éviter ces lacunes, les règles visant à lutter contre l'érosion de la base d'imposition et le transfert de bénéfices au moyen d'intérêts devraient s'appliquer aux intérêts sur toutes les formes de dette, ainsi qu'à d'autres paiements économiquement équivalents à des intérêts. Les paiements économiquement équivalents à des intérêts incluent ceux qui sont liés au financement d'une entité et qui sont calculés en appliquant un pourcentage fixe ou variable à un montant réel ou notionnel sur une certaine période. Une règle devrait également s'appliquer à toutes les dépenses entraînées par la levée de capitaux, y compris les frais de dossier et les frais de garantie. Ce chapitre contient une liste non exhaustive d'exemples de paiements qui devraient être couverts par la règle, mais laisse à chaque pays le soin de déterminer comment inscrire ce principe dans sa législation, en tenant compte des définitions existantes des intérêts et autres paiements. Pour déterminer si un paiement

est économiquement équivalent à des intérêts, il faut s'intéresser à sa substance économique plutôt qu'à sa forme juridique.

36. Une règle de bonne pratique visant à combattre les pratiques de BEPS fondées sur les charges d'intérêts devrait donc s'appliquer aux : *(i)* intérêts sur toutes les formes de dette ; *(ii)* paiements économiquement équivalents à des intérêts ; et *(iii)* dépenses entraînées par la levée de capitaux. Ces paiements devraient notamment inclure :

- les paiements effectués dans le cadre de prêts participatifs
- les intérêts imputés sur des instruments tels que des obligations convertibles et des obligations sans coupon
- les montants déboursés au titre de mécanismes de financement alternatifs, de type finance islamique
- les charges d'intérêts des versements au titre de contrats de crédit-bail
- les intérêts capitalisés inclus dans la valeur de l'actif correspondant inscrit au bilan, ou l'amortissement des intérêts capitalisés
- les montants mesurés par référence à un rendement financier en vertu des règles d'établissement des prix de transfert, le cas échéant
- les intérêts notionnels payés au titre d'instruments dérivés ou de contrats de couverture portant sur les emprunts d'une entité
- certains gains et pertes de change sur emprunts et instruments liés à la levée de capitaux
- les frais de garantie concernant des accords de financement
- les frais de dossier et frais similaires liés à l'emprunt de fonds.

37. Il est admis que les gains et pertes de change sur des instruments souscrits pour se couvrir contre des risques de change liés à la levée de capitaux ne sont généralement pas économiquement équivalents à des intérêts. Toutefois, un pays peut souhaiter assimiler tout ou partie des gains et pertes de change sur ces instruments à des paiements économiquement équivalents à des intérêts, conformément aux règles fiscales locales et pour tenir compte de la logique économique des risques de change

38. Lorsque ce rapport fait mention d'intérêts, cela implique aussi les montants économiquement équivalents à des intérêts, sauf si le contexte exige clairement une interprétation différente. De même, lorsque le rapport fait référence au revenu d'intérêt d'un groupe ou d'une entité, ce revenu inclut les montants économiquement équivalents à des intérêts, sur la base de la définition et des exemples figurant dans ce chapitre.

39. L'approche de bonne pratique ne s'applique pas aux paiements qui ne sont pas des intérêts, des montants économiquement équivalents à des intérêts ou liés à la levée de fonds. C'est pourquoi les règles exposées dans ce rapport ne devraient généralement pas limiter les déductions au titre d'éléments du type :

- gains et pertes de change sur des montants monétaires qui ne sont pas liés à la levée de capitaux
- montants payés au titre d'instruments dérivés ou de contrats de couverture qui ne sont pas liés à des emprunts, par exemple des instruments dérivés sur des produits de base

- remises sur provisions non liées à des emprunts
- versements au titre de contrats de location simple
- redevances
- intérêts courus au titre d'un régime de retraite à prestations définies.

40. Toutefois, tout paiement (y compris ceux énumérés ci-dessus) peut faire l'objet d'une limitation en application de l'approche de bonne pratique s'il est utilisé dans le cadre d'un dispositif qui, considéré dans son ensemble, génère des montants qui sont économiquement équivalents à des intérêts.

41. L'exemple 3 à l'annexe D illustre les modalités d'application de cette définition en pratique.

42. Lorsqu'un pays est doté d'une règle qui octroie une déduction présumée en appliquant un pourcentage déterminé aux fonds propres d'une entité, ces déductions présumées ne sont pas traitées comme des intérêts ou comme des paiements économiquement équivalents à des intérêts aux fins de ce rapport. Ces règles et les règles ayant un effet similaire seront étudiées plus avant lors de travaux distincts menés par l'OCDE.

Note

1. Dans ce rapport, les références aux paiements incluent également les produits à recevoir ou les charges à payer.

Chapitre 3

À qui l'approche de bonne pratique devrait-elle s'appliquer ?

43. L'érosion de la base d'imposition et le transfert de bénéfices peuvent survenir dans toute une série de situations, y compris au sein d'un groupe d'entreprises, avec des parties liées en dehors du groupe et via l'utilisation d'accords structurés avec des tierces parties [1]. L'approche de bonne pratique prend en compte les risques posés par chacune de ces situations, bien que différentes règles puissent être appliquées pour traiter différents types de risques. Afin de déterminer les entités auxquelles ces règles devraient s'appliquer, ces entités ont été classées en trois catégories : entités membre d'un groupe multinational; entités membres d'un groupe national; et entités autonomes qui ne font pas partie d'un groupe. Il est recommandé que, pour le moins, l'approche de bonne pratique décrite dans ce rapport s'applique à toutes les entités qui appartiennent à un groupe multinational. Les pays peuvent aussi opter pour une application plus large et viser les entités membres d'un groupe national et/ou les entités autonomes qui ne font pas partie d'un groupe [2].

Entités membres d'un groupe multinational

44. Comme le Plan d'action BEPS (OCDE, 2013) l'explique, la déductibilité des intérêts peut entraîner des problèmes d'érosion de la base d'imposition et de transfert de bénéfices à la fois sous l'angle des investissements entrants et sortants. Il est donc recommandé, à tout le moins, d'appliquer une règle fondée sur un ratio déterminé, telle que décrite au chapitre 6, à l'ensemble des entités qui font partie d'un groupe multinational.

45. Une entité est membre d'un groupe si elle est contrôlée directement ou indirectement par une société, ou si elle est une société qui contrôle directement ou indirectement une ou plusieurs autres entités. Un groupe est un groupe multinational dès lors qu'il exerce des activités dans plusieurs juridictions, y compris par le biais d'un établissement stable.

46. Lorsqu'un pays applique une règle fondée sur un ratio de groupe parallèlement à la règle fondée sur un ratio déterminé, il peut souhaiter utiliser une définition cohérente entre les deux règles pour réduire le risque qu'une entité soumise à la règle fondée sur un ratio déterminé ne puisse pas appliquer la règle fondée sur un ratio de groupe. Dans ce cas, le pays peut considérer qu'une entité fait partie d'un groupe si : *(i)* cette entité est intégrée ligne par ligne dans les états financiers consolidés d'une société; ou *(ii)* cette entité serait intégrée ligne par ligne dans les états financiers consolidés d'une société si cette société préparait des états financiers consolidés conformes aux normes comptables acceptées par le pays pour l'application de la règle fondée sur un ratio de groupe (décrite au chapitre 7).

47. Lorsqu'un groupe contrôle plusieurs entités dans un pays en particulier, ce pays peut appliquer la règle fondée sur un ratio déterminé ainsi que la règle fondée sur un ratio de groupe à la position de chaque entité prise isolément, ou à la position globale de toutes les entités du groupe situées dans le même pays (le groupe local) [3]. L'application d'une règle à

la position globale du groupe local permettrait d'éviter qu'une entité fortement endettée ne puisse pas déduire des intérêts alors même que les charges d'intérêts du groupe local dans son ensemble sont comprises dans les limites autorisées.

48. Si le ratio de référence est fixé à un niveau approprié, une règle fondée sur un ratio déterminé devrait permettre de répondre dans une large mesure aux préoccupations liées à l'érosion de la base d'imposition et au transfert de bénéfices qui font intervenir des paiements par des entités qui sont membres d'un groupe multinational. Pour que la règle fondée sur un ratio déterminé constitue une parade efficace aux pratiques d'érosion de la base d'imposition et de transfert de bénéfices, il est recommandé que toutes les entités soumises à cette règle soient aussi assujetties à des dispositions ciblées visant les activités de planification fiscale ayant pour but d'atténuer l'impact de la règle. Néanmoins, certains risques peuvent ne pas être couverts par cette règle ; il est donc recommandé que les pays envisagent de mettre en place des règles ciblées pour traiter ces risques. Le chapitre 9 analyse le rôle des règles ciblées dans le cadre d'une recommandation de bonne pratique.

Entités membres d'un groupe national

49. Les entités qui font partie d'un groupe multinational sont celles qui posent le plus grand risque d'érosion de la base d'imposition et de transfert de bénéfices. Un pays peut donc être fondé à restreindre l'application d'une règle basée sur un ratio déterminé à ces entités. Toutefois, un pays peut aussi décider d'appliquer une règle fondée sur un ratio déterminé de façon plus large, afin d'inclure les entités membres de groupes nationaux (groupes qui exercent toutes leurs activités dans un seul pays). Cette décision peut s'inscrire dans une démarche plus globale de lutte contre l'érosion de la base d'imposition et le transfert de bénéfices à l'échelle des entités de toute nature, ou peut se rattacher à d'autres objectifs d'action, notamment éviter les problèmes de concurrence entre groupes nationaux et groupes multinationaux, atténuer le biais général de la fiscalité en faveur du financement par emprunt plutôt que par fonds propres, ou encore respecter les obligations constitutionnelles d'égalité de traitement des contribuables. Les pays membres de l'UE, notamment, doivent concevoir leurs règles nationales en conformité avec le droit communautaire.

50. Lorsqu'un pays applique une règle basée sur un ratio déterminé et une règle fondée sur un ratio de groupe à des entités qui font partie d'un groupe national, il peut appliquer ces règles à chaque entité individuellement ou à la position globale du groupe national. Dans un cas comme dans l'autre, la règle fondée sur un ratio déterminé devrait permettre de répondre dans une large mesure aux problèmes d'érosion de la base d'imposition et de transfert de bénéfices induits par la déductibilité des intérêts. Toutefois, certains risques peuvent ne pas être couverts par cette règle ; il est donc recommandé que les pays envisagent de se doter de dispositions ciblées visant à traiter ces risques (voir le chapitre 9).

51. Lorsqu'un pays n'applique pas de règle fondée sur un ratio déterminé aux entités membres d'un groupe national, il s'expose à des risques d'érosion de la base d'imposition et de transfert de bénéfices, notamment à ceux qui font intervenir le paiement d'intérêts à des parties liées et à des tierces parties dans le cadre d'accords structurés. Dans ce cas, le pays devrait envisager de traiter ces risques au moyen de règles ciblées décrites au chapitre 9.

Entités autonomes non membres d'un groupe

52. Une entité autonome est une entité qui ne fait pas partie d'un groupe. Le fait qu'une entité autonome ne fasse pas partie d'un groupe signifie que, de par sa nature et son niveau, le risque d'érosion de la base d'imposition et de transfert de bénéfices qu'elle pose est souvent différent de celui posé par des entités membres d'un groupe. Très souvent, les entités autonomes sont des entités de petite taille, détenues directement par une personne physique, sans autre entité sous contrôle commun. Dans ces cas, en raison de la petite taille de l'entité et de l'absence de parties liées, le risque d'érosion de la base d'imposition et de transfert de bénéfices faisant intervenir des intérêts est probablement assez faible. Toutefois, dans d'autres cas, les entités autonomes peuvent être de grande taille et détenues dans le cadre d'une structure complexe impliquant des trusts ou des sociétés de personnes, avec un certain nombre d'entités contrôlées par les mêmes investisseurs. Le niveau de risque d'érosion de la base d'imposition et de transfert de bénéfices peut alors être comparable à celui représenté par un groupe. Dans les deux scénarios, dès lors que des pratiques d'érosion de la base d'imposition et de transfert de bénéfices utilisant des intérêts surviennent, elles résultent de paiements à des parties liées et à des tierces parties.

53. Un pays devrait donc appliquer des règles visant à contrer les risques d'érosion de la base d'imposition et de transfert de bénéfices posés par les entités autonomes. Un pays peut appliquer la règle fondée sur un ratio déterminé aux entités autonomes ou, compte tenu des différences entre les risques posés par les entités membres de groupes et les entités autonomes, il peut recourir à des règles différentes pour faire face aux risques induits par les entités autonomes. Dans un cas comme dans l'autre, les entités autonomes devraient être soumises aux règles ciblées répondant à des risques spécifiques évoquées au chapitre 9. Les États membres de l'UE devraient concevoir leurs règles nationales en conformité avec le droit communautaire. Ces aspects doivent être pris en compte lors de la conception de règles nationales afin de limiter leur impact négatif possible lorsqu'il n'existe pas de risque d'érosion de la base d'imposition ou de transfert de bénéfices.

Seuil monétaire

54. Le principal objectif poursuivi par l'approche de bonne pratique décrite dans ce rapport est de combattre les stratégies d'érosion de la base d'imposition et de transfert de bénéfices qui utilisent les intérêts, mais il est admis que certaines entités présentent un risque suffisamment faible pour qu'elles ne soient pas concernées par la règle fondée sur un ratio déterminé et par la règle fondée sur un ratio de groupe. En excluant ces entités du champ d'application de ces deux règles, l'approche de bonne pratique peut se concentrer sur les entités qui posent un risque significatif de BEPS, ce qui réduit les coûts de discipline à la charge des autres entités. Réduire le nombre d'entités couvertes permet aussi d'alléger les coûts d'administration de la règle et donne aux autorités fiscales la possibilité de se concentrer sur les entités qui présentent le plus grand risque.

55. Les pays peuvent donc mettre en place un seuil monétaire qui exclut les entités à faible risque du champ d'application de la règle fondée sur un ratio déterminé et de la règle fondée sur un ratio de groupe. Ce seuil devrait être basé sur les charges d'intérêts nettes de l'ensemble des entités membres du groupe local. Si un pays souhaite appliquer un seuil basé sur les charges d'intérêts nettes de chacune des entités séparément, il doit être attentif aux risques d'abus. Il doit donc envisager de se doter de règles anti-fragmentation pour éviter qu'un groupe puisse se soustraire à une règle de limitation des intérêts en créant plusieurs entités qui se situent chacune au-dessous du seuil.

56. Un seuil monétaire fondé sur les charges d'intérêts nettes devrait être relativement simple à appliquer et les entités qui sont fortement endettées seraient tenues d'appliquer une règle générale de limitation des intérêts quelle que soit leur taille. Un pays devrait fixer le seuil monétaire à un niveau qui reflète un certain nombre de facteurs, comme son environnement économique et ses taux d'intérêt, ainsi que les caractéristiques juridiques ou fiscales pertinentes ; ce seuil pourrait être réexaminé et actualisé périodiquement pour tenir compte des évolutions de ces facteurs.

Notes

1. Les expressions « partie liée » et « accord structuré » sont définies au chapitre 9.

2. Il se peut qu'un pays soit tenu d'appliquer la règle fondée sur un ratio déterminé de façon plus large, par exemple aux entités membres de groupes nationaux. Par exemple, les pays peuvent devoir prendre en considération les aspects constitutionnels qui pourraient avoir une répercussion directe sur les règles de limitation des intérêts. En outre, l'annexe A résume les questions de droit communautaire et mentionne les facteurs que les États membres de l'UE doivent prendre en compte.

3. Le chapitre 11 résume les différentes approches qu'un pays peut suivre pour appliquer une règle fondée sur un ratio déterminé à un groupe local, en fonction de la structure de son système fiscal.

Chapitre 4

Application d'une approche de bonne pratique au niveau d'endettement ou aux charges d'intérêts

57. L'un des principaux facteurs d'érosion de la base d'imposition et de transfert de bénéfices est la capacité d'un groupe de dissocier artificiellement son bénéfice imposable des activités à l'origine de la création de valeur. C'est pourquoi l'un des objectifs poursuivis par l'approche de bonne pratique décrite dans ce rapport est de coupler le montant des déductions d'intérêts effectuées au sein d'une entité au niveau de ses activités économiques imposables.

Application de l'approche de bonne pratique pour limiter le niveau des charges d'intérêts et de la dette au sein d'une entité

58. Une règle générale de limitation des intérêts peut agir directement, en restreignant le montant des intérêts qu'une entité peut déduire à des fins fiscales, ou indirectement, en restreignant le montant de la dette au titre de laquelle une entité peut prétendre à des déductions d'intérêts. Pour choisir l'approche qui doit prévaloir dans une recommandation de bonne pratique, un certain nombre de facteurs ont été pris en compte, notamment :

- Les pratiques de BEPS faisant intervenir les charges d'intérêts sont conditionnées par le niveau des charges d'intérêts fiscalement déductibles encourues par une entité. Une règle qui limite directement le niveau d'intérêts déductibles auquel une entité peut prétendre constitue une parade efficace.
- Une règle qui limite le niveau d'endettement d'une entité ne permettra pas nécessairement de répondre aux risques de BEPS qui surviennent lorsqu'un taux d'intérêt excessif est appliqué à un prêt. Par conséquent, une telle règle devrait être complétée par un mécanisme supplémentaire qui détermine le taux d'intérêt maximum applicable au niveau d'endettement autorisé. Cela peut passer par l'application d'un test de pleine concurrence ou d'une fraction des dépenses d'intérêts effectives de l'entité, mais ces approches créent une étape supplémentaire dans le fonctionnement de la règle qui est source de complexité.
- Une approche de bonne pratique doit s'appliquer aux pratiques de BEPS faisant intervenir des charges d'intérêts et d'autres paiements économiquement équivalents à des intérêts. Néanmoins, pour certains de ces paiements, une entité ne sera peut-être pas tenue d'identifier séparément un engagement financier lié au paiement. Aussi, les paiements d'intérêts (et les paiements économiquement équivalents à des intérêts) pour lesquels un allégement d'impôt est demandé sont probablement plus simples à identifier et à valoriser, aussi bien pour les entités que pour l'administration fiscale.

- Le niveau d'endettement d'une entité peut varier au cours d'une période, de sorte que le montant de la dette à un moment donné, ou en moyenne sur la période, n'est pas nécessairement représentatif de la position réelle de l'entité. En revanche, le niveau des charges d'intérêts d'une entité reflétera toutes les variations de ses emprunts au cours de la période, ce qui donne probablement une vision plus juste de la position réelle de l'entité sur cette période.
- Une règle fondée sur le niveau d'endettement d'une entité peut prendre en compte le fait que deux entités ayant le même niveau d'endettement peuvent, pour des raisons commerciales, être soumises à des taux d'intérêt différents (par exemple du fait de la monnaie dans laquelle les emprunts sont libellés et du risque de crédit). Cela peut aussi passer par une règle qui limite directement les dépenses d'intérêts d'une entité (par exemple en fonction du niveau effectif des dépenses d'intérêts d'un groupe).
- Le niveau d'endettement d'une entité est déterminé par ses dirigeants et donc généralement prévisible. En revanche, le montant des charges d'intérêts peut varier au gré des fluctuations des taux d'intérêt. Dès lors, une règle qui limite directement le niveau des dépenses d'intérêts pourrait empêcher une entité de souscrire des emprunts à long terme en cas de risque d'augmentation des taux d'intérêt, et elle se verrait empêcher de déduire des intérêts à l'avenir.

59. Compte tenu de ces facteurs, et au regard de l'objectif essentiel de combattre les pratiques d'érosion de la base d'imposition et de transfert de bénéfices faisant intervenir des intérêts et des paiements économiquement équivalents à des intérêts, la bonne pratique retenue dans ce rapport prévoit des règles qui limitent directement le niveau des dépenses d'intérêts qu'une entité peut déduire à des fins fiscales. Elle comprend également des mécanismes, tels que la règle fondée sur un ratio de groupe, qui devraient permettre de résoudre certains problèmes que cette approche pourrait soulever. Si par exemple un groupe représente un risque de crédit plus élevé et doit acquitter un taux d'intérêt supérieur sur ses emprunts auprès d'une tierce partie, une règle fondée sur un ratio de groupe en tiendra compte pour plafonner les déductions fiscales des entités qui font partie de ce groupe. Comme indiqué dans l'introduction, un pays pourrait continuer d'appliquer un test de pleine concurrence en l'associant à l'approche de bonne pratique. Cela permettrait par exemple de faire en sorte que le montant des charges d'intérêts demandé en déduction par une entité est conforme au principe de pleine concurrence, mais ce montant serait ensuite plafonné conformément à l'approche de bonne pratique décrite dans ce rapport.

Application de l'approche de bonne pratique aux charges d'intérêts brutes ou nettes d'une entité

60. Une autre question fondamentale est de savoir si une règle générale de limitation des intérêts doit s'appliquer aux intérêts qu'une entité encourt sur ses emprunts, sans leur imputer ses produits d'intérêts (charges d'intérêts brutes) ou après leur avoir imputé les produits d'intérêts qu'elle perçoit (charges d'intérêts nettes).

61. Une règle fondée sur les charges brutes peut offrir l'avantage de la simplicité et est également plus difficile à contourner par des stratégies de planification fiscale. Toutefois, une telle règle peut conduire à des cas de double imposition si chaque entité est imposée sur l'intégralité de ses produits d'intérêts bruts, alors qu'une partie de ses charges d'intérêts brutes n'est pas prise en compte.

62. Une règle fondée sur les charges nettes réduit le risque de double imposition car les produits d'intérêts d'une entité auront déjà été imputés à ses charges d'intérêts en compte avant que la limitation des intérêts ne s'applique. Elle permettrait également à une entité

d'emprunter auprès de tierces parties et de rétrocéder les fonds empruntés à l'intérieur de son groupe, sans qu'une partie de ses charges d'intérêts brutes soit exclue. Au vu des considérations ci-dessus, les règles générales de limitation des intérêts contenues dans ce rapport s'appliquent aux charges d'intérêts nettes qu'une entité a payées à des tierces parties, à des parties liées ou des membres du groupe auquel elle appartient, après déduction des produits d'intérêts[1]. Les règles devraient s'appliquer à l'intégralité des charges d'intérêts nettes d'une entité, comme l'explique le chapitre 2, de manière à couvrir un large éventail de risques de BEPS, y compris le fait d'encourir des charges d'intérêts excessives envers des tierces parties dans un pays à forte fiscalité.

63. Toutefois, le fait qu'une entité enregistre un niveau relativement faible de charges d'intérêts nettes ne signifie pas qu'elle ne se livre pas à des pratiques de BEPS. Par exemple, une entité qui enregistre des produits d'intérêts nets pourrait utiliser les charges d'intérêts pour soustraire ces produits à l'impôt. Une entité peut également convertir d'autres formes de revenus imposables en produits d'intérêts, réduisant ainsi le niveau des charges nettes soumises à la règle. Par conséquent, il est recommandé que les pays complètent les règles générales de limitation des intérêts par des règles ciblées qui excluent les charges d'intérêts brutes sur certaines transactions qui posent des risques de BEPS. Le chapitre 9 examine cette question. Les règles qui ont pour vocation de limiter les charges d'intérêts nettes d'une entité n'auront pas d'impact sur les entités qui, en raison de leur modèle économique, sont généralement bénéficiaires de produits d'intérêts nets, notamment dans les secteurs de la banque et de l'assurance évoqués au chapitre 10.

Possibilité d'exclure certains projets d'intérêt public

64. L'approche de bonne pratique décrite dans ce rapport fixe une limitation générale au niveau des charges d'intérêts nettes qu'une entité peut déduire à des fins fiscales. La règle fondée sur un ratio déterminé doit être appliquée de façon cohérente à tous les intérêts payés à des tierces parties, à des parties liées et à d'autres entités du même groupe. Toutefois, à titre d'exception à ce principe général, un pays peut décider d'exclure les dépenses d'intérêts encourues sur certains prêts auprès de tiers du champ d'application de la règle fondée sur un ratio déterminé et de la règle fondée sur un ratio de groupe si les conditions exposées ci-dessous sont remplies. Aucune autre exception que celles précisées dans ce rapport ne devrait être admise.

65. Dans certains pays, des actifs d'intérêt public détenus par des entités privées peuvent être des actifs de grandes dimensions financés en grande partie par la dette. Néanmoins, du fait de la nature des actifs en question et du lien étroit avec le secteur public, certains de ces accords de financement posent peu de risques d'érosion de la base d'imposition et de transfert de bénéfices, voire aucun.

66. Compte tenu des spécificités du secteur public, un pays peut, lors du calcul des charges d'intérêts nettes soumises à limitation en application de l'approche de bonne pratique, exclure certains montants au titre d'emprunts souscrits auprès de tierces parties pour financer des actifs spécifiques. Pour que cette exclusion concerne uniquement les projets qui ne présentent pas de risques d'érosion de la base d'imposition ou de transfert de bénéfices, les conditions suivantes doivent être réunies :

- Une entité (l'exploitant) lance un projet visant à créer (ou moderniser), exploiter et/ou entretenir des actifs à longue échéance, sur une période d'au moins 10 ans, et ces actifs ne peuvent pas être vendus à la discrétion de l'exploitant.
- Un organisme du secteur public ou une entité publique (le concédant)[2] oblige l'exploitant, par contrat ou autrement, à fournir des biens ou des services d'intérêt

public[3]. Cette disposition doit être encadrée par des contrôles spécifiques ou par un cadre réglementaire, outre les règles qui s'appliquent généralement aux sociétés de capitaux ou à d'autres entités commerciales dans une juridiction.

- Des intérêts sont dus par l'exploitant sur un ou plusieurs prêts octroyés par des tiers créanciers sans recours, de sorte que le créancier pourra se rembourser sur les actifs et sur les revenus générés par le projet en question. Les accords qui prévoient un recours à d'autres actifs, des garanties accordées par d'autres entreprises du groupe ou qui prévoient par tout autre moyen un recours au-delà des actifs du projet ne peuvent pas être admissibles à l'exclusion.
- Le prêt ou les prêts accordés à l'exploitant ne dépassent pas la valeur réelle ou estimée des actifs au moment de l'acquisition ou une fois construits, sauf si des investissements supplémentaires sont effectués pour maintenir ou accroître leur valeur. Sous réserve d'un prêt minimum ou accessoire à une tierce partie (comme un dépôt bancaire), aucun des fonds ne doit être rétrocédé.
- L'exploitant, les charges d'intérêts, les actifs du projet et les revenus générés par le projet se trouvent tous dans le même pays, où les revenus sont soumis à l'impôt aux taux ordinaires[4]. Si les actifs du projet sont détenus par un établissement stable, l'exclusion s'appliquera uniquement dans la mesure où les revenus générés par le projet sont imposés aux taux ordinaires dans le pays qui applique l'exclusion.
- Des projets similaires de l'exploitant ou d'autres entités du groupe de l'exploitant ne sont pas sensiblement moins financés par recours à l'emprunt auprès de tierces parties, compte tenu des échéances du projet.

67. Les pays qui ont recours à cette exclusion peuvent imposer des règles supplémentaires avant d'admettre l'exclusion, en vue d'empêcher que des entreprises qui ne sont pas engagées dans des projets qui présentent un intérêt public puissent s'en prévaloir. Il peut s'agir d'un critère selon lequel l'obtention de l'exclusion ne doit pas être le principal objectif de la structuration d'accords de financement. Les pays qui recourent à l'exclusion doivent publier des informations complètes sur la portée de la législation nationale et les circonstances dans lesquelles elle peut être utilisée, et doivent mettre en place des mécanismes permettant l'échange spontané de renseignements relatifs aux entités qui bénéficient de l'exclusion et à leurs investisseurs avec toutes les juridictions concernées. Le cadre exposé au chapitre 5 du rapport de l'OCDE intitulé *Lutter plus efficacement contre les pratiques fiscales dommageables, en prenant en compte la transparence et la substance* (OCDE, 2015) servirait à déterminer les juridictions avec lesquelles ces renseignements devraient être échangés spontanément. Les pays qui adoptent l'exclusion devraient en assurer le suivi afin de faciliter l'examen mentionné ci-dessous. Ces pays devraient demander aux contribuables de signaler clairement tout recours à cette exclusion.

68. Lorsque cette exclusion s'applique, un pays qui s'en prévaut doit prendre des dispositions pour faire en sorte que les revenus et les actifs du projet, ainsi que les charges d'intérêts correspondantes, ne soient pas utilisés pour autoriser des déductions d'intérêts supplémentaires en faveur de l'entité ou d'autres entités du groupe situées dans le pays. Le pays doit donc moduler le fonctionnement de la règle fondée sur un ratio déterminé et de la règle fondée sur un ratio de groupe pour que, lorsqu'une entité bénéficie de cette exclusion :

- tous les revenus générés par le projet (et/ou par les actifs du projet) soient exclus du calcul des résultats ou de la valeur des actifs en application de la règle fondée sur un ratio déterminé et de la règle fondée sur un ratio de groupe, et

- les charges d'intérêts qui échappent à la limitation ne soient pas incluses dans les charges d'intérêts nettes du groupe envers une tierce partie lors de l'application de la règle fondée sur un ratio de groupe.

69. Il existe également un risque que les intérêts qui bénéficient de cette exclusion soient utilisés pour accroître le niveau des déductions nettes pour des entités du groupe situées dans d'autres pays qui appliquent une règle fondée sur un ratio de groupe. Aussi, lors de l'application d'une règle fondée sur un ratio de groupe, un pays peut exclure toutes les charges d'intérêts envers des tierces parties qui bénéficient d'une exclusion dans un autre pays. De même, les revenus et les actifs du projet peuvent être exclus du calcul des résultats du groupe ou de la valeur des actifs. Les pays peuvent se baser sur les dispositions relatives à l'échange de renseignements contenues dans les conventions internationales en vigueur pour déterminer si l'exclusion a été appliquée. Un pays peut également choisir de ne pas exiger les ajustements visés par ce paragraphe, dans une optique de simplicité.

70. La conception et le fonctionnement de cette exclusion feront l'objet de l'examen initial de la bonne pratique prévu au plus tard fin 2020, qui étudiera comment l'exclusion est appliquée, pour s'assurer qu'elle ne génère pas de risques d'érosion de la base d'imposition. Au terme de cet examen, l'exclusion pourrait être révisée ou supprimée.

71. Les questions de droit communautaire sont abordées à l'Annexe A.

Bibliographie

OCDE (2015), *Lutter plus efficacement contre les pratiques fiscales dommageables, en prenant en compte la transparence et la substance, Action 5 – Rapport final 2015*, Projet OCDE/G20 concernant l'érosion de la base d'imposition et le transfert de bénéfices, Éditions OCDE , Paris. http://dx.doi.org/10.1787/9789264241190-en.

Notes

1. L'expression « partie liée » est définie au chapitre 9.

2. Une entité d'intérêt public sera généralement une entité dont le principal objet est de fournir des biens ou des services dans l'intérêt du grand public, de la collectivité ou de la société, l'objectif étant de promouvoir les objectifs principaux de l'entité et non de procurer un rendement financier aux détenteurs du capital. La définition de l'intérêt public utilisée par un pays peut figurer dans une loi ou dans une norme comptable applicable.

3. Les actifs qui procurent des biens et des services offrant un intérêt public sont généralement qualifiés de biens publics.

4. Les pays qui sont des États membres de l'Union européenne devraient prendre en compte le droit communautaire pour concevoir leurs règles nationales.

Chapitre 5

Mesurer l'activité économique au moyen des résultats ou de la valeur des actifs

72. Les règles fondées sur un ratio déterminé et les règles fondées sur un ratio de groupe restreignent la capacité d'une entité de déduire des charges d'intérêts en se basant sur une mesure objective de ses activités économiques. Les travaux menés pour définir une approche de bonne pratique ont privilégié les résultats et la valeur des actifs, car ce sont les indicateurs qui reflètent le plus clairement le niveau d'activité et de création de valeur au sein d'un groupe multinational.

Mesurer l'activité économique au moyen des résultats

73. Comme le souligne le chapitre précédent, l'un des objectifs du Projet est de s'attaquer aux pratiques qui séparent artificiellement le revenu imposable des activités qui le génèrent. Dans la plupart des entités, on s'attend à ce qu'il existe une corrélation nette entre les résultats et le revenu imposable. Aussi, mesurer l'activité économique en se basant sur les résultats devrait être le moyen le plus efficace de faire en sorte que la capacité de déduire des charges d'intérêts nettes cadre avec les activités qui génèrent le revenu imposable et créent de la valeur. En outre, selon la définition des résultats retenue, le niveau des résultats est un indicateur pertinent de la capacité d'une entité à honorer ses obligations de paiement des intérêts, et donc un facteur décisif pour déterminer le montant des prêts qu'une entité peut souscrire.

74. L'approche fondée sur les résultats offre également l'avantage de rendre la règle générale de limitation des intérêts moins vulnérable à la planification fiscale. Lorsque le niveau des charges d'intérêts déductibles d'une entité est lié à ses résultats, un groupe ne peut augmenter ses déductions d'intérêts nettes dans un pays donné qu'en augmentant ses résultats dans ce pays. De même, toute restructuration opérée en vue de transférer des bénéfices hors d'un pays réduira les déductions d'intérêts nettes dans ce pays. Si l'on admet qu'une augmentation du résultat entraînera également une augmentation du bénéfice imposable, il est peu probable que le niveau des résultats soit manipulé en vue d'accroître les déductions d'intérêts dans un pays.

75. Le Plan d'action BEPS (OCDE, 2013) mentionne expressément la nécessité d'élaborer des règles pour lutter contre les pratiques de BEPS qui utilisent des dépenses d'intérêts pour financer la production d'un revenu exonéré ou différé. Un troisième avantage important procuré par cette approche est la possibilité d'adapter la définition des résultats afin d'exclure les revenus qui bénéficient d'un traitement fiscal favorable. Les dividendes en sont un bon exemple, car ils sont exonérés d'impôt ou taxés à un taux réduit dans de nombreux pays (sous certaines conditions telles qu'une période minimum de détention).

76. Le principal inconvénient de l'utilisation des résultats comme mesure de l'activité économique est que le résultat d'une entité peut être relativement volatile et un groupe ne peut maîtriser cette volatilité que dans certaines limites. Dès lors, avec une règle fondée sur le résultat, une entité peut avoir du mal à anticiper le niveau des charges d'intérêts nettes qui seront autorisées d'une année à l'autre. L'entité aura ainsi du mal à calculer le coût de la dette pour des projets de longue durée sans savoir dans quelle mesure ses charges d'intérêts seront déductibles. Dans une certaine mesure, ces problèmes peuvent être traités en autorisant par exemple une entité à mesurer son activité économique en se basant sur le résultat moyen sur une période de plusieurs années ou à reporter sur des exercices futurs des charges d'intérêts non admises en déduction ou une capacité inutilisée à déduire des charges d'intérêts. Ces options sont décrites au chapitre 8.

77. Un aspect particulier de la volatilité du résultat tient à la possibilité qu'une entité dégage un résultat négatif (situation déficitaire). Avec une approche fondée sur le résultat, une entité déficitaire ne sera pas en mesure de déduire des charges d'intérêts nettes pendant l'exercice en cours. En théorie, cela pourrait signifier qu'une entité déficitaire serait tenue de payer des impôts sous l'effet de l'exclusion de ses charges d'intérêts. Toutefois, ce risque pourrait être atténué en agissant sur la définition des résultats et en utilisant des informations fiscales ou comptables. D'autres mécanismes, tels que le report sur des exercices futurs d'intérêts non déductibles, devraient permettre à une entité déficitaire de conserver le bénéfice des déductions et de les faire valoir lorsqu'elle redevient bénéficiaire.

Définition des résultats

78. S'agissant de la définition des résultats à employer, le résultat avant intérêts, impôts, amortissement et provisions(EBITDA) et le résultat avant intérêts et impôts(EBIT) sont les deux options possibles. Dans un cas comme dans l'autre, les revenus non imposables tels que les bénéfices de succursales ou les dividendes ouvrant droit à une exemption au titre des participations ne doivent pas être inclus dans le calcul du résultat. Des ajustements appropriés doivent également être apportés aux bénéfices de succursales et aux dividendes imposables dans la mesure où ils échappent à l'impôt en vertu de crédits d'impôt étranger, afin de répondre aux risques d'érosion de la base d'imposition et de transfert de bénéfices qui font l'objet de ce rapport[1]. L'EBITDA est la mesure des résultats la plus souvent employée par les pays qui appliquent des tests fondés sur les résultats. En excluant les deux principaux postes de coûts non liés à la trésorerie dans un compte de résultats (amortissement des immobilisations et des actifs incorporels), l'EBITDA révèle la capacité d'une entité à honorer ses obligations de paiement des intérêts. C'est également une mesure des résultats souvent utilisée par les créanciers pour déterminer le montant des charges d'intérêts qu'une entité peut raisonnablement supporter. En revanche, cette approche favorise potentiellement les entités qui interviennent dans des secteurs à forte intensité capitalistique. En effet, l'EBITDA n'inclut pas la dépréciation des coûts capitalisés tels que les investissements dans les usines et les machines, alors qu'il tient compte des charges d'exploitation qui constituent la majeure partie des coûts pour les entités présentes dans d'autres secteurs. Selon les données disponibles, dans l'ensemble des secteurs d'activité, les ratios moyens intérêts bruts/EBIT calculés à partir des informations extraites des états financiers consolidés sont supérieurs d'environ 40 % aux ratios moyens intérêts bruts/ EBITDA, en dépit de variations significatives qui peuvent exister entre secteurs.

Mesurer l'activité économique au moyen de la valeur des actifs

79. Le principal avantage d'une mesure de l'activité économique fondée sur les actifs est que les valeurs des actifs sont en règle générale plus stables que les montants des recettes (sauf en cas de réévaluation ou de dépréciation, ou lorsqu'un actif est évalué au prix du marché en application de règles comptables). De ce fait, l'utilisation de la valeur des actifs dans la mesure de l'activité économique au sein d'un groupe devrait permettre de définir une limite relativement stable et prévisible pour l'allègement d'impôt pouvant être demandé. Cela offrirait aux groupes une sécurité accrue et pourrait en outre réduire les coûts liés au respect de la réglementation. Par ailleurs, une méthode basée sur la valeur des actifs signifierait que les entités réalisant des pertes pourraient encore déduire un montant au titre des charges nettes d'intérêts, ce qui leur serait impossible avec une méthode fondée sur les résultats.

80. Pour aboutir à une mesure exacte de l'activité économique d'une entité, une règle fondée sur les actifs devrait tenir compte de la valeur des actifs qui sont à l'origine de la création de valeur pour le groupe. Cela inclut les actifs tels que les terrains et bâtiments, les installations et équipements, les actifs incorporels et les actifs financiers qui génèrent des revenus qui ne sont pas traités comme des intérêts, mais exclut les actifs qui génèrent des revenus non imposables (comme les prises de participation qui génèrent des dividendes exonérés d'impôt). L'une des principales difficultés entourant toute méthode fondée sur les actifs pour appliquer une règle basée sur un ratio déterminé consiste à définir un modèle d'évaluation de chacune de ces classes d'actifs qui soit à la fois cohérent et acceptable. S'agissant des actifs corporels tels que les terrains et bâtiments, les installations et équipements, il semblerait peu réaliste de chercher à imposer l'utilisation des prix de marché des actifs, et les coûts liés au respect de cette règle seraient excessifs pour les groupes. Toutefois, l'utilisation du coût historique amorti peut entraîner des incohérences au sein d'un groupe qui sont liées aux dates d'acquisition des actifs, et reste tributaire de décisions de gestion, notamment concernant les périodes d'amortissement et le calendrier des réévaluations et dépréciations. En outre, on voit mal comment le coût historique pourrait représenter la valeur réelle qu'un actif apporte à l'activité économique d'un groupe. Les actifs incorporels, notamment les marques et brevets, peuvent figurer parmi les actifs les plus précieux d'un groupe. Cependant, les normes comptables prévoient le plus souvent des conditions strictes devant être remplies avant de faire entrer un actif incorporel au bilan, en particulier lorsque l'actif concerné a été créé en interne. Par conséquent, une méthode de limitation des déductions d'intérêts fondée sur la valeur des actifs établie à des fins comptables laissera de côté les actifs les plus précieux de grands groupes (bien que les actifs incorporels puissent être indirectement pris en compte dans la mesure où ils génèrent des résultats qui ne sont pas distribués et qui sont donc intégrés à ce titre dans les fonds propres). Une source particulière de divergence dans le traitement des actifs selon les normes comptables réside dans la comptabilisation des actifs financiers, y compris des soldes de positions sur instruments dérivés, notamment quant à la possibilité pour un groupe de déclarer ses positions en valeurs brutes ou nettes. Ces divergences peuvent avoir un effet marqué sur la valeur du total des actifs d'un groupe et certaines normes comptables laissent le choix aux dirigeants du groupe, sous réserve de satisfaire à certaines conditions. Ces aspects sont surtout problématiques lorsqu'on applique une règle fondée sur un ratio déterminé basée sur la valeur d'actifs, car alors un ratio de référence déterminé est appliqué à des valeurs d'actifs qui peuvent varier considérablement en fonction des normes comptables et des règles suivies par différents groupes. Les difficultés liées à la comptabilisation et à la valorisation des actifs peuvent être moins préoccupantes lorsqu'une règle fondée sur un ratio de groupe est retenue, dès lors qu'une approche cohérente est suivie au niveau de l'entité et du groupe.

Approche proposée

81. En définitive, et compte tenu des facteurs évoqués ci-dessus, il apparaît que, dans le cadre d'une règle fondée sur un ratio déterminé, les résultats constituent la mesure la plus appropriée de l'activité économique pour les groupes exerçant des activités dans la plupart des secteurs et dans différents pays. Lorsqu'une règle fondée sur un ratio de groupe est retenue, les différences entre une approche basée sur les résultats et une approche basée sur les actifs sont moins significatives, ce dont témoigne l'approche de bonne pratique présentée dans ce rapport.

82. Il est recommandé qu'une règle fondée sur un ratio déterminé mesure les résultats au moyen de l'EBITDA. Toutefois, un pays peut opter pour une règle fondée sur un ratio déterminé qui mesure les résultats au moyen de l'EBIT, dès lors que les autres éléments de la règle sont cohérents avec la bonne pratique exposée dans ce rapport. Si un pays applique une règle fondée sur un ratio déterminé en se basant sur l'EBIT, le ratio de référence intérêts nets/EBIT utilisé doit être équivalent au ratio de référence intérêts nets/ EBITDA décrit au chapitre 6,en déterminant si le pays en question se situerait à l'intérieur de la fourchette en tenant compte des facteurs exposés dans ce chapitre. Pour déterminer si un ratio de référence intérêts nets/EBIT est équivalent au ratio de référence intérêts nets/EBITDA, un pays doit tenir compte des différences entre les ratios EBIT et EBITDA moyens enregistrés dans les principaux secteurs de son économie.

83. Lorsque l'économie d'un pays est largement tributaire de groupes fortement capitalisés dont les activités s'appuient sur des actifs corporels à périodes d'amortissement longues, le résultat reste une mesure adaptée de l'activité économique pour l'application d'une règle fondée sur un ratio déterminé. Néanmoins, la valeur des actifs peut alors, à titre exceptionnel, être utilisée en tant qu'alternative acceptable. Lorsqu'un pays applique une règle fondée sur un ratio déterminé basée sur la valeur des actifs, les autres éléments de la règle doivent être cohérents avec l'approche de bonne pratique. Par exemple, la règle doit avoir pour effet de limiter les charges d'intérêts nettes payables à des tierces parties et aux entités du groupe situées dans le pays et dans d'autres pays. Les actifs inclus dans l'évaluation doivent englober les principales catégories d'actifs qui conditionnent l'activité économique au sein d'un groupe, mais doivent exclure ceux qui génèrent des revenus non imposables, tels que les dividendes qui ouvrent droit à une exemption au titre des participations. La valeur des actifs peut reposer sur des chiffres comptables ou fiscaux, mais le choix doit être toujours le même. Le ratio de référence intérêts nets/actifs doit être équivalent au ratio de référence approprié intérêts nets/EBITDA décrit au chapitre 6, en tenant compte du positionnement du pays en question à l'intérieur de la fourchette sur la base des facteurs exposés dans ce chapitre. Pour déterminer si un ratio de référence intérêts nets/actifs est équivalent au ratio intérêts nets/EBITDA, un pays peut tenir compte du nombre de groupes concernés et du niveau général des charges d'intérêts nettes non prises en compte.

84. Lorsqu'un pays applique une règle fondée sur un ratio déterminé et une règle fondée sur un ratio de groupe, il est recommandé que le ratio EBITDA ou EBIT soit employé pour les deux règles. Comme le chapitre 7 l'indique, un pays peut également appliquer une règle fondée sur un ratio déterminé basée sur le résultat, parallèlement à une règle fondée sur un ratio de groupe basée sur la valeur des actifs, dès lors que cette dernière règle permet à une entité de dépasser le ratio déterminé de référence uniquement si elle peut démontrer qu'un ratio financier pertinent (fonds propres/total des actifs, par exemple) est conforme à celui de son groupe.

Note

1. Lorsque les bénéfices d'une succursale ouvrent droit à une exemption au titre des participations, l'EBITDA ou l'EBIT de l'entité devrait être réduit d'un montant égal à l'EBITDA ou à EBIT de la succursale. Lorsque les bénéfices d'une succursale sont taxés, l'EBITDA ou l'EBIT de l'entité devrait être réduit d'un montant égal à une fraction de l'EBITDA ou de l'EBIT de la succursale, qui doit correspondre à l'allégement d'impôt sur les bénéfices de la succursale obtenu grâce aux crédits d'impôt. Par exemple, selon une approche possible, si 25% de la créance fiscale d'une entité rattachée aux bénéfices de la succursale est exonérée grâce aux crédits d'impôt, l'EBITDA ou l'EBIT de l'entité doit être réduit d'un montant égal à 25% de l'EBITDA ou de l'EBIT de la succursale.

Chapitre 6

Règle fondée sur un ratio déterminé

Objectif d'une règle fondée sur un ratio déterminé

85. Selon l'hypothèse à l'origine des règles fondées sur un ratio déterminé, une entité devrait être en mesure de déduire les charges d'intérêts jusqu'à concurrence d'une part déterminée de son EBITDA, en veillant à ce qu'une partie de ses bénéfices reste soumise à l'impôt dans un pays. Une règle fondée sur un ratio déterminé peut s'appliquer à toutes les entités, y compris celles qui font partie d'un groupe multinational, d'un groupe national ou qui sont autonomes. Le ratio utilisé comme référence est fixé par les autorités du pays concerné et s'applique indépendamment du niveau d'endettement réel d'une entité ou de son groupe. Les charges d'intérêts envers des tierces parties, des parties liées[1] ou des entités du groupe sont déductibles jusqu'à concurrence de ce ratio déterminé, mais les intérêts portant le ratio de l'entité au-dessus de ce ratio de référence ne sont pas déductibles.

86. Le principal avantage d'une règle fondée sur un ratio déterminé est sa relative simplicité d'application pour les groupes et de gestion pour les administrations fiscales. Cela étant, cette approche ne tient pas compte du fait que les groupes dont les activités couvrent différents secteurs peuvent nécessiter des différents niveaux de financement par la dette, et que, au sein d'un même secteur, des groupes peuvent adopter des stratégies de financement différentes pour des raisons non fiscales. Appliquer une règle fondée sur un ratio déterminé de manière différente à des groupes actifs dans des secteurs différents rendrait inévitablement la règle plus complexe à gérer, notamment lorsque la définition du secteur n'est pas évidente ou lorsqu'un groupe exerce des activités dans plusieurs secteurs. L'option d'exclure les intérêts au titre d'emprunts finançant certains projets d'intérêt public décrite au chapitre 4 peut contribuer à résoudre ces difficultés pour certaines entités. Néanmoins, de façon générale, un pays doit appliquer la règle de manière cohérente, en employant le même ratio de référence, aux groupes tous secteurs confondus (à l'exception des groupes présents dans les secteurs de la banque et de l'assurance, examinés au chapitre 10, pour lesquels des règles ciblées sont envisagées).

87. Toutefois, les groupes actifs dans certains secteurs peuvent bénéficier d'une rente économique qui leur permet de générer un niveau élevé d'EBITDA, ce qui peut déboucher sur des niveaux relativement élevés de déductions nettes d'intérêts aux termes de l'approche générale décrite dans ce rapport. Un pays peut donc choisir d'appliquer une règle fondée sur un ratio déterminé de façon plus stricte aux groupes présents dans ces secteurs. Par exemple, les groupes implantés dans des secteurs qui bénéficient de rentes économiques pourraient être soumis à un ratio de référence plus bas, ou le calcul de l'EBITDA de l'entité pourrait être ajusté de manière à supprimer l'effet de la rente économique.

Fonctionnement d'une règle fondée sur un ratio déterminé

88. Les règles fondées sur un ratio déterminé appliquent un ratio de référence prédéterminé au résultat d'une entité ou d'un groupe local en vue de calculer le montant maximum des charges d'intérêts déductibles[2]. Déterminer le montant des charges d'intérêts non déductibles supportées par une entité en application d'une règle fondée sur un ratio déterminé procède d'une démarche en trois étapes : premièrement, calculer la mesure adéquate de l'EBITDA ; deuxièmement, appliquer le ratio de référence légal à l'EBITDA de l'entité afin de déterminer le montant maximum des charges d'intérêts déductibles ; et troisièmement, comparer ce montant aux charges d'intérêts effectives de l'entité. Le calcul de l'EBITDA doit s'appuyer sur des valeurs déterminées selon les règles fiscales du pays qui applique la règle. L'utilisation de données fiscales pour calculer l'EBITDA d'une entité présente un certain nombre d'avantages. Premièrement, la règle est relativement simple à appliquer et à vérifier. Deuxièmement, l'utilisation de données fiscales atténue le risque qu'une entité qui enregistre un EBITDA négatif doive payer des impôts du fait de la non-prise en compte de charges d'intérêts. Enfin, lorsque les déductions d'intérêts sont liées au résultat imposable, il est plus difficile pour un groupe de relever la limite des déductions d'intérêts nettes sans augmenter également le niveau du résultat imposable dans un pays.

Étape 1 : Calcul du résultat

89. L'EBITDA d'une entité doit être calculé en rajoutant à son bénéfice imposable les valeurs fiscales correspondant aux : *(i)* charges d'intérêts nettes et paiements nets équivalents à des paiements d'intérêt tels que définis au chapitre 2, et *(ii)* amortissements et provisions. Les revenus exonérés d'impôt, comme les dividendes ou les gains à l'étranger, ne doivent pas entrer dans le calcul de l'EBITDA. L'exclusion des dividendes exonérés vise à répondre aux préoccupations qui surviennent dans le cadre des investissements sortants décrits dans l'Action 4.

Étape 2 : Application du ratio de référence déterminé au résultat

90. Le ratio de référence déterminé sera appliqué à l'EBITDA de l'entité ainsi calculé. Le résultat détermine le montant maximum des charges d'intérêts que l'entité est autorisée à déduire à des fins fiscales.

Étape 3 : Comparaison du montant maximum des charges d'intérêts déductibles et des charges d'intérêts réelles

91. En dernier lieu, le montant maximum que l'entité est autorisée à déduire à des fins fiscales est comparé à ses charges d'intérêts nettes réelles.

92. Les charges d'intérêts nettes qui dépassent le montant maximum autorisé ne sont pas déductibles. L'exemple 4 à l'annexe D illustre le fonctionnement pratique d'une règle fondée sur un ratio déterminé. Cet exemple illustre également les avantages et inconvénients potentiels de l'application d'une règle fondée sur un ratio déterminé au niveau du groupe local.

Définition d'un ratio de référence

93. Pour qu'une règle fondée sur un ratio déterminé soit efficace, le ratio de référence doit être fixé à un niveau approprié pour lutter contre l'érosion de la base d'imposition et le transfert de bénéfices. Dans le même temps, il est admis que tous les pays n'ont pas le même environnement économique et que certains peuvent avoir adopté des règles fiscales ciblées qui portent spécifiquement sur les risques d'érosion de la base d'imposition et de transfert de bénéfices faisant intervenir des intérêts. De nombreux facteurs peuvent affecter la compétitivité des pays au regard de l'investissement, y compris le taux d'imposition, la composition de la base d'imposition et les règles en matière de déductibilité des intérêts. Aussi, sans une approche de bonne pratique faisant consensus, il existe un risque que les pays, soucieux de leur compétitivité, adoptent des ratios de référence d'un niveau élevé, ce qui permettrait de déduire plus de charges d'intérêts et réduirait l'efficacité de la règle pour lutter contre les pratiques de BEPS.

Une fourchette de ratios de référence

94. Pour répondre aux risques d'érosion de la base d'imposition et de transfert de bénéfices en coordonnant l'approche de la fixation d'un ratio de référence entre pays et réduire la probabilité que les pays appliquent un ratio trop élevé pour lutter contre ces risques, il est recommandé que les pays fixent leur ratio dans une plage ou une « fourchette ».

95. Pour déterminer cette fourchette, il convient de définir un intervalle de ratios qui :

- permette à la majorité des groupes de déduire un montant équivalent à leurs charges d'intérêts nettes envers des tierces parties (en supposant que les charges d'intérêts nettes sont réparties dans le groupe conformément à l'EBITDA comptable) ; et
- restreigne la capacité des groupes d'utiliser les charges d'intérêts intragroupes pour réclamer des déductions d'intérêts nettes dont le montant total dépasse leurs charges d'intérêts nettes envers des tierces parties.

96. Les données financières communiquées à l'OCDE par le BIAC/PwC[3] indiquent le pourcentage de groupes multinationaux publics cotés en bourse enregistrant un EBITDA positif qui seraient en principe en mesure de déduire un montant équivalent à leurs charges d'intérêts nettes envers des tierces parties lorsqu'un ratio de référence est fixé à différents niveaux, en partant du principe que les charges d'intérêts nettes du groupe sont réparties dans le groupe conformément à son EBITDA. Les groupes enregistrant un EBITDA négatif ne sont pas inclus dans cette analyse, car l'impact d'une règle fondée sur un ratio déterminé sur une entité dont l'EBITDA est négatif est le même, quel que soit le niveau auquel le ratio de référence est fixé. Les chiffres ci-dessous sont basés sur des moyennes couvrant la période 2009 à 2013[4] :

- Si le ratio de référence est fixé à 10 %, 62 % de ces groupes seraient en principe en mesure de déduire l'intégralité de leurs charges d'intérêts nettes envers des tierces parties.
- Si le ratio de référence est fixé à 20 %, 78 %de ces groupes seraient en principe en mesure de déduire l'intégralité de leurs charges d'intérêts nettes envers des tierces parties.
- Si le ratio de référence est fixé à 30 %, 87 %de ces groupes seraient en principe en mesure de déduire l'intégralité de leurs charges d'intérêts nettes envers des tierces parties.

- Si le ratio de référence est fixé à 40 %, 91 %de ces groupes seraient en principe en mesure de déduire l'intégralité de leurs charges d'intérêts nettes envers des tierces parties.
- Si le ratio de référence est fixé à 50 %, 93 %de ces groupes seraient en principe en mesure de déduire l'intégralité de leurs charges d'intérêts nettes envers des tierces parties.

97. Dès qu'un ratio de référence dépasse 30 %, le taux auquel plus de groupes peuvent déduire la totalité de leurs charges d'intérêts nettes envers des tierces parties augmente plus lentement. Toutefois, à ce niveau, un pourcentage significatif des groupes pourrait être incité à augmenter le niveau de la dette intragroupes pour demander des déductions nettes d'intérêts supérieures à leurs charges d'intérêts nettes envers des tierces parties. Par exemple, sur la base des données financières mentionnées dans le paragraphe ci-dessus, environ la moitié des groupes multinationaux cotés en bourse ayant un EBITDA positif enregistrent un ratio intérêts nets envers des tierces parties/EBITDA de 5 % ou moins. Aussi, lorsque le ratio de référence est fixé à 30 %, il y a un risque que ces groupes puissent déduire jusqu'à six fois leurs charges d'intérêts nettes réelles envers des tierces parties, à supposer qu'il n'y ait pas d'obstacle à l'utilisation de la dette intragroupe. Ce risque augmente si le ratio de référence est fixé au-dessus de ce niveau. À partir de cette analyse, et en tenant compte des objectifs de permettre à la plupart des groupes de déduire leurs charges d'intérêts nettes envers des tierces parties tout en limitant le risque qu'ils déduisent plus que ce montant, il est recommandé que les pays qui appliquent une règle fondée sur un ratio déterminé basé sur un ratio intérêts nets/EBITDA fixent leur ratio de référence dans une fourchette de 10 % à 30 %. Comme le chapitre 11 l'explique, cette fourchette pourra être révisée à l'issue du réexamen initial de la bonne pratique, qui devra intervenir avant fin 2020 au plus tard.

98. Dans la fourchette retenue, une majorité de groupes enregistrant un EBITDA positif devrait être en principe en mesure de déduire l'intégralité de leurs charges d'intérêts nettes envers des tierces parties. Un pays pourrait également inclure d'autres éléments de l'approche de bonne pratique pour permettre aux entités appartenant à des groupes dont le ratio intérêts nets envers des tierces parties/EBITDA est supérieur au ratio de référence de déduire davantage de charges d'intérêts nettes, dès lors qu'ils posent un faible risque d'érosion de la base d'imposition et de transfert de bénéfices. Par exemple, une règle fondée sur un ratio à l'échelle du groupe peut être utilisée pour permettre à une entité qui dépasse le ratio de référence de déduire des charges d'intérêts nettes à concurrence du niveau du ratio intérêts nets envers des tierces parties/EBITDA du groupe s'il est plus élevé. Un pays peut également appliquer un seuil monétaire pour exclure les entités dont les charges d'intérêts nettes sont faibles du champ d'application d'une règle fondée sur un ratio déterminé et d'une règle fondée sur un ratio de groupe.

Facteurs pour aider les pays à fixer un ratio de référence

99. Il est recommandé que les pays fixent leur ratio de référence dans une fourchette de 10 % à 30 %. Toutefois, il faut tenir compte du fait que les pays n'ont pas tous le même cadre juridique et ne connaissent pas tous la même situation économique ; aussi, pour fixer un ratio de référence à l'intérieur de cette fourchette qui soit approprié pour lutter contre l'érosion de la base d'imposition et le transfert de bénéfices, un pays doit tenir compte d'un certain nombre de facteurs, et notamment des suivants :

1. Un pays peut choisir un ratio de référence plus élevé s'il applique une règle fondée sur un ratio déterminé de façon isolée, et non en association avec une règle fondée sur un ratio de groupe.

2. Un pays peut choisir un ratio de référence plus élevé s'il n'autorise pas le report en avant d'un montant inutilisé de charges d'intérêts déductibles ou le report en arrière de charges d'intérêts non déductibles.
3. Un pays peut choisir un ratio de référence plus élevé s'il applique d'autres règles ciblées pour répondre aux risques d'érosion de la base d'imposition et de transfert de bénéfices visés par l'Action 4.
4. Un pays peut choisir un ratio de référence plus élevé si ses taux d'intérêt sont plus élevés que ceux d'autres pays.
5. Un pays peut appliquer un ratio de référence plus élevé si, pour des raisons constitutionnelles ou d'autres raisons juridiques (obligations imparties par le droit communautaire, par exemple), il doit réserver le même traitement à différents types d'entités considérées comme juridiquement comparables, même si ces entités représentent différents niveaux de risque.
6. Un pays peut appliquer différents ratios en fonction de la taille du groupe de l'entité.

100. Ces facteurs sont examinés plus en détail ci-dessous.

Un pays peut choisir un ratio de référence plus élevé s'il applique une règle fondée sur un ratio déterminé de façon isolée, et non en association avec une règle fondée sur un ratio de groupe

101. Si un pays applique une règle fondée sur un ratio déterminé parallèlement à une règle fondée sur un ratio de groupe, une entité qui dépasse le ratio déterminé peut être en mesure de déduire plus de charges d'intérêts nettes à concurrence du ratio financier pertinent de son groupe. Ce pays peut donc appliquer un ratio de référence à un niveau moins élevé, en s'appuyant sur la règle fondée sur un ratio de groupe pour atténuer l'impact de ce choix sur les entités appartenant à des groupes fortement endettés. Si à l'inverse un pays introduit une règle fondée sur un ratio déterminé sans règle fondée sur un ratio de groupe, il peut majorer le ratio de référence.

Un pays peut choisir un ratio de référence plus élevé s'il n'autorise pas le report en avant d'un montant inutilisé de charges d'intérêts déductibles ou le report en arrière de charges d'intérêts non déductibles

102. Le montant inutilisé de charges d'intérêts déductibles correspond à l'écart entre les charges d'intérêts nettes d'une entité et le plafond de déduction autorisé par la règle fondée sur un ratio déterminé. Comme le chapitre 8 l'explique, lorsqu'un pays autorise le report en avant d'un montant inutilisé de charges d'intérêts déductibles, cela peut générer un actif d'impôt qui peut être monétisé en augmentant les charges d'intérêts nettes de l'entité ou en réduisant son EBITDA. Ces comportements ne devraient pas être encouragés par une règle visant à combattre l'érosion de la base d'imposition et le transfert de bénéfices, aussi un pays qui autorise le report en avant d'un montant inutilisé de charges d'intérêts devrait appliquer un ratio de référence plus bas afin de réduire cette incitation. De même, un pays qui autorise le report en arrière de charges d'intérêts non déductibles, ce qui génère le même risque, devrait également appliquer un ratio de référence plus bas. L'importance à accorder à ce facteur devrait varier en fonction des restrictions indiquées dans le chapitre 8 qu'un pays décide d'adopter. Un pays qui n'autorise ni le report en avant d'un montant inutilisé de charges d'intérêts déductibles ni le report en arrière de charges d'intérêts non déductibles peut fixer un ratio plus élevé.

Un pays peut choisir un ratio de référence plus élevé s'il applique d'autres règles ciblées pour répondre aux risques d'érosion de la base d'imposition et de transfert de bénéfices visés par l'Action 4

103. L'Action 4 prévoit d'élaborer des recommandations concernant des pratiques exemplaires pour la conception de règles visant à empêcher l'érosion de la base d'imposition et le transfert de bénéfices par l'utilisation de paiements d'intérêts à des tierces parties, des parties liées ou des entités intragroupe, y compris de paiements économiquement équivalents à des intérêts, en vue de réaliser des déductions excessives d'intérêts ou de financer la production d'un revenu exonéré ou différé. L'approche de bonne pratique devrait comporter la règle fondée sur un ratio déterminé décrite dans ce chapitre, mais il est admis que d'autres règles ciblées de limitation des intérêts peuvent aussi répondre efficacement à certains de ces risques. Par exemple, un pays peut être doté d'une règle ciblée qui exclut toutes les charges d'intérêts utilisées pour financer un revenu exonéré d'impôt. Si un pays a adopté des règles ciblées qui portent spécifiquement sur les risques d'érosion de la base d'imposition et de transfert de bénéfices couverts par l'Action 4 et qu'il les applique dans la pratique, cela peut alléger la pression qui pèse sur la règle fondée sur un ratio déterminé, autorisant le choix d'un ratio de référence plus élevé. Pour savoir dans quelle mesure ce facteur autorise la fixation d'un ratio de référence plus élevé, il faut déterminer si les risques spécifiques d'érosion de la base d'imposition et de transfert de bénéfices impliquant des intérêts et visés par l'Action 4 sont couverts. Lorsqu'un pays ne dispose pas d'autres règles qui portent spécifiquement sur les risques d'érosion de la base d'imposition et de transfert de bénéfices visés par l'Action 4, il doit appliquer un ratio de référence plus bas.

Un pays peut choisir un ratio de référence plus élevé si ses taux d'intérêt sont plus élevés que ceux d'autres pays

104. Divers facteurs peuvent influer sur le ratio intérêts nets/EBITDA d'entités qui recourent à l'emprunt localement auprès de tierces parties, y compris le niveau des taux d'intérêt d'un pays. Lorsque le taux d'intérêt d'un pays est élevé par rapport à celui d'autres pays, le pays peut en tenir compte en appliquant un ratio de référence plus élevé. Ce principe n'entend pas favoriser les entités qui exercent leurs activités dans un pays où les taux d'intérêt sont élevés, mais reconnaît simplement le fait que ces entités doivent vraisemblablement supporter un coût de financement plus élevé. Pour savoir dans quelle mesure ce facteur autorise la fixation d'un ratio de référence plus élevé, il faut déterminer dans quelle mesure les taux d'intérêt sont plus élevés que dans d'autres pays. Toutefois, un pays où les taux d'intérêt sont élevés peut toujours appliquer un ratio de référence bas. Par exemple, lorsqu'un pays applique le même ratio de référence à toutes les entités, y compris celles appartenant à de grands groupes qui sont moins susceptibles d'être exposés à des écarts de taux d'intérêt entre pays, il peut conclure qu'il n'est pas approprié de prendre en considération son taux d'intérêt élevé pour la fixation du ratio. Lorsque le taux d'intérêt d'un pays est inférieur à celui d'autres pays, il devrait appliquer un ratio de référence plus bas. Pour comparer ses taux d'intérêt avec ceux d'autres pays, un pays peut se baser sur un ou plusieurs taux pertinents, comme le taux de la banque centrale, le taux des obligations d'État à long terme et le taux moyen des obligations de société pour les entités ayant une bonne solvabilité (dont la note de crédit est égale ou supérieure au niveau « A », par exemple). Pour déterminer si un taux d'intérêt en particulier est élevé ou bas, il faut le comparer à celui d'autres pays et revoir son évaluation périodiquement, en fonction de l'évolution des taux. On peut admettre actuellement qu'un taux des obligations d'État à long terme supérieur à 5 % est élevé.

Un pays peut appliquer un ratio de référence plus élevé si, pour des raisons constitutionnelles ou d'autres raisons juridiques (obligations imparties par le droit communautaire, par exemple), il doit réserver le même traitement à différents types d'entités considérées comme juridiquement comparables, même si ces entités représentent différents niveaux de risque

105. Comme le chapitre 3 l'explique, ce sont les entités appartenant à des groupes multinationaux qui posent les principaux risques d'érosion de la base d'imposition et de transfert de bénéfices. Aussi, dans le cadre d'une approche de bonne pratique, un pays peut restreindre à ces entités l'application de la règle fondée sur un ratio déterminé. Toutefois, dans certains cas, des obligations constitutionnelles ou juridiques imposent à un pays d'appliquer la règle à d'autres entités considérées comme juridiquement comparables, y compris des entités membres de groupes nationaux et/ou des entités autonomes susceptibles de poser moins de risques d'érosion de la base d'imposition et de transfert de bénéfices faisant intervenir des intérêts. Dans ce cas, le pays étant tenu de soumettre au même traitement les entités qui sont juridiquement comparables, y compris celles qui posent moins de risques d'érosion de la base d'imposition et de transfert de bénéfices, le pays peut choisir un ratio de référence plus élevé à l'intérieur de la fourchette. En pareille situation, un pays peut aussi choisir d'appliquer un ratio plus bas pour faire en sorte que les risques d'érosion de la base d'imposition et de transfert de bénéfices impliquant des intérêts sont neutralisés, même si ce ratio s'appliquerait aussi aux entités qui posent moins de risques.

Un pays peut appliquer différents ratios en fonction de la taille du groupe de l'entité

106. De manière générale, les entités membres de grands groupes ne sont pas dans la même situation que d'autres entités lorsqu'elles empruntent auprès de tierces parties. Par exemple, les grands groupes sont davantage enclins à centraliser leurs emprunts auprès de tierces parties, ont généralement un meilleur accès aux marchés financiers mondiaux et peuvent détenir un pouvoir de négociation supérieur sur les créanciers. En outre, les grands groupes disposent souvent d'une fonction de trésorerie sophistiquée qui gère la position financière du groupe, y compris ses charges d'intérêts. Cet état de fait a deux conséquences importantes pour l'application d'une règle fondée sur un ratio déterminé aux entités appartenant à des grands groupes par rapport à d'autres entités :

- Premièrement, l'analyse des données financières communiquées à l'OCDE au cours des consultations publiques sur l'Action 4 révèle que les grands groupes enregistrent habituellement des ratios intérêts nets envers des tierces parties/EBITDA inférieurs à ceux d'autres groupes. Par exemple, un ratio de référence de 30 % permettrait à environ 95 % des groupes multinationaux cotés en bourse ayant une capitalisation boursière supérieure ou égale à 5 milliards USD et un EBITDA positif de déduire la totalité de leurs charges nettes d'intérêts envers des tierces parties, contre environ 85 % des groupes toutes tailles confondues. Aussi, pour établir des règles du jeu équitables, un pays pourrait appliquer un ratio déterminé aux entités appartenant à de grands groupes, et un ratio plus élevé aux autres entités.
- Deuxièmement, les grands groupes étant davantage enclins à centraliser leurs emprunts, ils risquent moins d'être confrontés à des écarts de taux d'intérêts dans les pays où ils exercent des activités. C'est pourquoi, lorsqu'il fixe un ratio de référence applicable aux entités membres de grands groupes, un pays ne devrait pas se demander si son taux d'intérêt est supérieur ou inférieur à ceux en vigueur dans d'autres pays (le facteur 4 ci-dessus ne devrait pas entrer en ligne de compte).

107. Lorsqu'un pays applique un ratio de référence différent aux entités appartenant à de grands groupes et à d'autres entités, la définition d'un grand groupe doit être basée sur la position du groupe mondial dont l'entité fait partie, et pas seulement du groupe local composé des entités situées dans le pays. Bien que les données mentionnées ci-dessus définissent un grand groupe sur la base de sa capitalisation boursière, il n'est pas recommandé d'utiliser cette définition pour fixer un ratio de référence. Pour les groupes à capitaux privés, une définition basée sur la capitalisation boursière ne serait pas applicable. Pour les groupes cotés en bourse, la capitalisation boursière dépend de bien d'autres facteurs que le niveau d'activité économique du groupe. Il est donc suggéré que la définition d'un grand groupe soit basée sur le chiffre d'affaires consolidé ou sur les actifs du groupe. On peut se procurer des informations relatives au chiffre d'affaires consolidé ou aux actifs d'un groupe à partir de ses états financiers consolidés, ou directement auprès des entités du groupe en l'absence d'états financiers consolidés. Les renseignements communiqués aux fins des déclarations pays par pays (*Documentation des prix de transfert et déclarations pays par pays* (OCDE, 2015)) peuvent servir d'outils d'évaluation des risques afin d'identifier les groupes qui pourraient dépasser ce seuil, même s'ils ne doivent pas être utilisés directement pour appliquer un ratio de référence plus bas. Lorsqu'un pays applique des ratios de référence différents aux entités membres de grands groupes et aux autres entités, il devrait prévoir des dispositions pour les groupes qui franchissent le seuil, par exemple à la suite d'une fusion ou d'une vente. Ces dispositions transitoires devraient être valides pendant trois ans au maximum afin de permettre aux groupes d'ajuster leurs structures de capital.

Autres facteurs pouvant entrer en ligne de compte

108. Lorsqu'ils fixent un ratio de référence dans la fourchette de 10% à 30%, les pays peuvent aussi prendre en compte d'autres facteurs pertinents en plus de ceux énumérés ci-dessus, par exemple :

- Un pays peut appliquer un ratio plus élevé, dans les limites de la fourchette, lorsque des données montrent que des niveaux élevés de charges d'intérêts nettes ou d'endettement sont dus à des politiques économiques ou commerciales et pas à des pratiques d'érosion de la base d'imposition et de transfert de bénéfices.
- Un pays peut appliquer un ratio plus élevé, dans les limites de la fourchette, lorsqu'il mène une politique macroéconomique visant à soutenir l'emprunt auprès de tierces parties sans lien avec l'érosion de la base d'imposition et au transfert de bénéfices, dans le but d'accroître l'investissement (dans les infrastructures par exemple).
- Un pays peut appliquer un ratio plus élevé ou plus bas, dans les limites de la fourchette, lorsque cela est justifié par des données locales sur l'endettement externe de ses groupes nationaux ou sur l'endettement mondial des groupes multinationaux exerçant des activités sur son territoire. Ces données locales peuvent être basées sur des chiffres fiscaux plutôt que comptables, par exemple.
- Un pays peut appliquer un ratio plus bas, dans les limites de la fourchette, lorsqu'il souhaite cibler plus rigoureusement les pratiques d'érosion de la base d'imposition et de transfert de bénéfices qui font intervenir des intérêts.

109. Toutefois, un pays ne devrait pas prendre en compte des facteurs qui sont incompatibles avec ce rapport, qui entraînent des problèmes concurrentiels ou qui négligent les risques d'érosion de la base d'imposition et de transfert de bénéfices qui font intervenir des intérêts, par exemple :

- Un pays ne devrait pas appliquer un ratio plus élevé s'il enregistre des niveaux élevés de charges d'intérêts nettes ou d'endettement par rapport à d'autres pays qui ne s'expliquent pas par des motivations non fiscales.
- Un pays ne devrait pas appliquer un ratio plus élevé dans le but d'attirer l'investissement international par le biais de règles laxistes de limitation des intérêts.

Application des facteurs en vue de fixer un ratio de référence à l'intérieur de la fourchette retenue

110. Il est recommandé qu'un pays s'inspire des facteurs décrits dans ce chapitre, ainsi que d'autres facteurs le cas échéant, pour fixer son ratio de référence dans les limites de la fourchette préconisée. Un pays peut élaborer sa propre approche de l'utilisation des facteurs pour fixer un ratio, y compris en pondérant chaque facteur en fonction de son importance. Dans tous les cas, un pays peut choisir d'appliquer un ratio de référence plus bas, pourvu qu'il soit compris dans les limites de la fourchette.

111. L'exemple 5 à l'annexe D illustre comment un pays peut utiliser ces facteurs pour fixer son taux de référence à l'intérieur de la fourchette préconisée. Cet exemple n'est pas exhaustif et entend simplement illustrer des modalités possibles d'application des facteurs exposés dans ce chapitre, et une approche différente peut être suivie.

Changements dans le temps

112. Les taux d'intérêt évoluent dans le temps et sachant qu'ils se situent actuellement à un niveau bas par rapport aux moyennes longues, il peut être opportun de répercuter ces changements dans le ratio de référence. Néanmoins, les pays doivent savoir que la capacité d'une entité à honorer ses obligations de paiement des intérêts est indépendante du niveau des taux d'intérêt et que toute hausse de ces taux devrait généralement aboutir à une réduction des niveaux d'endettement. Dans ce contexte, des travaux ont montré que les entreprises souscrivent davantage d'emprunts lorsque les taux d'intérêt sont faibles par rapport aux taux historiques (Barry et al., 2008).

113. Par conséquent, les pays ne sont pas censés modifier le ratio de référence dans le temps, mais ils peuvent choisir de le réviser en cas de variation significative des taux d'intérêt. Par exemple, des études laissent penser que la notation d'un pays, qui influe sur les taux d'intérêt qu'il doit acquitter, a des répercussions sensibles sur la notation des obligations d'entreprise (Borensztein, Cowan et Valenzuela, 2007). Cela suggère que lorsque la notation d'un pays connaît un changement important, le ratio de référence devrait aussi être révisé. Toutefois, les pays ne doivent procéder à de telles révisions que de façon exceptionnelle afin de garantir aux contribuables des ratios de référence stables.

114. Lorsqu'un pays décide d'ajuster le ratio de référence, il doit s'assurer que ce ratio sera révisé à la baisse comme à la hausse. Supposons par exemple qu'un pays applique une règle fondée sur un ratio intérêts/EBITDA assorti d'un ratio de référence de 15 %. Une crise économique entraîne une forte hausse des taux d'intérêt nationaux, ce qui accroît les taux appliqués aux entreprises locales. Pour refléter cette hausse, les autorités font passer le ratio de référence de 15 % à 20 %, tout en prenant des dispositions pour que le ratio redescende automatiquement à 15 % lorsque les taux d'intérêt auront renoué avec leurs niveaux d'avant la crise.

Notes

1. L'expression « partie liée » est définie au chapitre 9.

2. Le chapitre 11 contient un résumé des différentes approches qu'un pays peut suivre pour appliquer une règle fondée sur un ratio déterminé à un groupe local en fonction de la structure de son système fiscal.

3. Le 18 décembre 2014, l'OCDE a publié un projet pour commentaires sur l'Action 4 (voir Public Discussion Draft – BEPS Action 4 : Interest deductions and other financial payments, www.oecd.org/ctp/aggressive/discussion-draft-action-4-interest-deductions.pdf). Dans le cadre de sa réponse, le BIAC a communiqué des données financières basées sur une analyse réalisée par PricewaterhouseCoopers (PwC) concernant les ratios intérêts nets/EBITDA d'entreprises publiques (voir *Comments received on Public Discussion draft – BEPS Action 4 : Interest deductions and other financial payments – Part 1*, page 179, www.oecd.org/ctp/aggressive/public-comments-action-4-interest-deductions-other-financial-payments-part1.pdf). À la suite de la consultation publique, PwC a communiqué des chiffres mis à jour qui figurent dans l'annexe B.

4. Voir le tableau B.3 à l'annexe B.

Bibliographie

Barry, C.B. et al. (2008), « Corporate debt issuance and the historical level of interest rates », *Financial Management*, vol. 37, Financial Management Association International, pp. 413-430.

Borensztein, E., K. Cowan et P. Valenzuela (2007), « Sovereign Ceilings "Lite"? The Impact of Sovereign Ratings on Corporate Ratings in Emerging Market Economies », Document de travail du FMI n° 07/75, Fonds monétaire international, Washington, DC.

OCDE (2015), *Documentation des prix de transfert et déclarations pays par pays, Action 13 – Rapport final 2015*, Projet OCDE/G20 concernant l'érosion de la base d'imposition et le transfert de bénéfices, Éditions OCDE, Paris. http://dx.doi.org/10.1787/9789264248502-fr.

Chapitre 7

Règle fondée sur un ratio de groupe

Objectif d'une règle fondée sur un ratio de groupe

115. Selon la règle recommandée fondée sur un ratio déterminé, une entité ou un groupe local peut déduire ses charges d'intérêts nettes à concurrence d'un certain pourcentage de son EBITDA [1]. Toutefois, une règle fondée sur un ratio déterminé ne tient pas compte du fait que des groupes opérant dans des secteurs différents peuvent ne pas avoir le même niveau d'endettement, et même sans biais sectoriel, certains groupes sont simplement plus endettés. Si une règle fondée sur un ratio déterminé est mise en place de façon isolée, les groupes dont le ratio intérêts nets envers des tierces parties/EBITDA est supérieur au ratio de référence ne seraient donc pas en mesure de déduire l'intégralité de leurs charges d'intérêts nettes envers des tierces parties. Pour atténuer l'impact sur les groupes les plus fortement endettés, il est recommandé que les pays envisagent d'associer une règle fondée sur un ratio déterminé décrite au chapitre 6 avec une règle fondée sur un ratio de groupe. Cela permettrait à une entité appartenant à un groupe très endetté de déduire des charges d'intérêts nettes au-delà du montant autorisé par la règle fondée sur un ratio déterminé, sur la base d'un ratio financier pertinent du groupe mondial. Cela signifie que le ratio de référence peut être maintenu à un bas niveau, notamment pour les entités membres de grands groupes multinationaux, ce qui garantit que la règle fondée sur un ratio déterminé sera efficace pour lutter contre l'érosion de la base d'imposition et le transfert de bénéfices, tandis que la règle fondée sur un ratio de groupe compense l'effet brut de cette règle.

116. Une règle fondée sur un ratio de groupe peut être mise en place en tant que disposition supplémentaire distincte, ou faire partie intégrante d'une règle globale comprenant une règle fondée sur un ratio déterminé. Lorsque par exemple un pays suit une approche basée sur le ratio intérêts nets/EBITDA d'une entité, une règle unique pourrait prévoir qu'une entité peut déduire à concurrence du ratio de référence ou du ratio de groupe, le plus élevé des deux étant retenu. La décision de mettre en œuvre une règle fondée sur un ratio déterminé et une règle fondée sur un ratio de groupe séparément ou en tant que composantes d'une seule et même règle peut dépendre de la façon dont le pays souhaite que les différents éléments fonctionnent. Par exemple, une règle unique associant deux composantes peut être plus simple à appliquer si un pays décide que les deux éléments, le ratio déterminé et le ratio de groupe, doivent utiliser le même calcul de l'EBITDA de l'entité basé sur des données fiscales, et les mêmes dispositions en matière de report en avant/en arrière.

117. Ce chapitre décrit une règle de bonne pratique qui autorise une entité qui dépasse le ratio de référence à déduire ses charges d'intérêts nettes à concurrence du ratio intérêts nets envers des tierces parties/EBITDA de son groupe s'il est plus élevé. Lorsque le ratio intérêts nets/EBITDA d'une entité dépasse celui de son groupe, elle peut demander à bénéficier de déductions à concurrence du ratio de son groupe. Seul le montant des

charges d'intérêts nettes qui dépasse le ratio de référence et le ratio de son groupe ne doit pas être pris en compte aux fins des déductions. Une règle fondée sur un ratio intérêts nets envers des tierces parties/EBITDA est certes efficace pour lutter contre l'érosion de la base d'imposition et le transfert de bénéfices, mais il est admis que certains groupes se heurtent à des contraintes juridiques ou pratiques qui limitent leur capacité à aligner les dépenses d'intérêts nets et l'EBITDA dans chaque entité. Pour ces groupes, certains éléments constitutifs de l'approche de bonne pratique, comme la majoration des charges d'intérêts nettes envers des tierces parties (examinée dans la section intitulée *Calcul des charges d'intérêts nettes envers des tierces parties* ci-après) et les mécanismes de report en avant/en arrière (voir le chapitre 8) peuvent atténuer l'impact de ces contraintes. L'exemple 6 à l'annexe D illustre de façon simple comment une règle fondée sur un ratio de groupe autoriserait une entité qui dépasse le ratio de référence à déduire plus de charges d'intérêts à concurrence du ratio intérêts nets envers des tierces parties/EBITDA de son groupe. Il est également admis qu'à ce jour, aucun pays n'applique une règle fondée sur un ratio de groupe s'inspirant de cette approche. C'est pourquoi le présent rapport expose un cadre d'application d'une règle fondée sur un ratio de groupe qui utilise un ratio intérêts nets envers des tierces parties/EBITDA, mais des travaux techniques plus poussés sur la conception et le fonctionnement d'une telle règle seront entrepris et achevés en 2016.

Possibilité d'appliquer différentes règles fondées sur un ratio de groupe ou aucune

118. Un certain nombre de pays appliquent actuellement une règle fondée sur un ratio déterminé, combinée à une règle fondée sur un ratio de groupe qui utilise un ratio calculé à partir d'actifs, comme le ratio fonds propres/total des actifs. Par exemple, selon la clause de sauvegarde en vigueur en Allemagne et en Finlande (décrite à l'annexe C), la règle fondée sur un ratio déterminé basé sur un rapport charges d'intérêts nettes/EBITDA ne s'applique pas si une entité peut démontrer que son ratio fonds propres/total des actifs est supérieur ou égal à celui de son groupe (avec une petite marge de tolérance). Cette approche a des conséquences plus contraignantes pour de nombreux groupes, car lorsqu'une entité est plus fortement endettée que son groupe, elle reste soumise à la règle fondée sur un ratio déterminé, tandis qu'avec la règle fondée sur le ratio intérêts nets envers des tierces parties/EBITDA décrite dans ce chapitre, seul le montant des charges d'intérêts nettes qui dépasse le ratio de référence et le ratio de groupe n'est pas pris en compte. Toutefois, si une entité est déficitaire, la clause de sauvegarde est plus avantageuse, car l'entité peut toujours déduire ses charges d'intérêts nettes si elle peut démontrer qu'elle satisfait aux exigences de la règle. Lorsqu'un pays applique une règle fondée sur un ratio de groupe qui diffère de la règle fondée sur un ratio intérêts nets envers des tierces parties/EBITDA décrite dans ce rapport, la règle du pays relève de la bonne pratique aussi longtemps qu'elle autorise uniquement une entité à dépasser le ratio déterminé basé sur un ratio financier pertinent de son groupe (comme le rapport fonds propres/total des actifs).

119. Il existe des situations dans lesquelles les pays décident d'appliquer une règle fondée sur un ratio déterminé de façon isolé, sans l'accompagner d'une règle fondée sur un ratio de groupe ; par exemple, un pays voudra atténuer le biais de la fiscalité en faveur du financement par emprunt plutôt que sur fonds propres pour toutes les entités ; ou bien, pour des motifs constitutionnels ou autres, un pays voudra appliquer le même ratio de référence à toutes les entités, sans se référer à la position d'endettement du groupe dans son ensemble. Lorsqu'un pays n'applique pas de règle fondée sur un ratio de groupe, il doit appliquer la règle fondée sur un ratio déterminé de façon cohérente aux entités appartenant à des groupes multinationaux et nationaux, sans pratiquer de discrimination indue.

120. Qu'un pays applique la règle fondée sur un ratio de groupe décrite dans ce chapitre, une règle différente fondée sur un ratio de groupe ou aucune règle fondée sur un ratio de groupe, une approche de bonne pratique devra systématiquement comporter une règle fondée sur un ratio déterminé qui inclut un ratio de référence fixé à l'intérieur de la fourchette et qui tient compte des facteurs décrits au chapitre 6.

Obtention de renseignements financiers sur un groupe

121. La règle fondée sur un ratio de groupe dispose qu'une entité doit être en mesure de déterminer le ratio charges d'intérêts nettes envers des tierces parties/EBITDA du groupe mondial auquel elle appartient. Une entité doit donc se procurer des renseignements sur son groupe que l'administration fiscale dont elle relève puisse vérifier sans devoir demander systématiquement des renseignements aux autorités fiscales d'autres pays. Il est donc important qu'une approche de bonne pratique soit conçue dans cet esprit, afin que la règle soit raisonnablement simple à appliquer par les groupes et par les autorités fiscales. Lorsqu'une entité est incapable de se procurer les renseignements sur son groupe qui sont nécessaires pour appliquer la règle fondée sur un ratio de groupe, elle peut toujours appliquer la règle fondée sur un ratio déterminé et déduire ses intérêts à concurrence du ratio de référence.

122. Les états financiers consolidés constituent la source la plus fiable d'informations financières sur un groupe mondial. C'est pourquoi les renseignements nécessaires pour pouvoir appliquer une règle fondée sur un ratio de groupe doivent provenir des états financiers consolidés du groupe. Une autorité fiscale nationale ne sera généralement pas en mesure de confirmer l'exactitude des données financières relatives à un groupe ; il est donc recommandé que les états financiers consolidés soient vérifiés par un expert-comptable indépendant. Un pays peut néanmoins admettre l'utilisation d'états financiers non vérifiés à condition qu'ils aient fait l'objet d'une validation indépendante fiable sous une forme ou sous une autre, ou qu'ils aient été examinés par l'autorité fiscale.

123. Il est recommandé que, pour le moins, les pays acceptent des états financiers consolidés préparés conformément aux principes comptables généralement reconnus (« GAAP ») au niveau local et aux normes comptables habituellement utilisées par les grands groupes multinationaux cotés en bourse (IFRS, GAAP japonais et GAAP américains). Pour permettre aux groupes non cotés en bourse de préparer un jeu unique d'états financiers consolidés pour utilisation dans tous les pays où ils exercent des activités, les pays devraient envisager d'accepter les états financiers consolidés préparés selon d'autres normes comptables, mais c'est à chaque pays qu'il incombe de déterminer les normes comptables à accepter (en tenant compte de la région géographique et des principales sources d'investissement étranger, par exemple).

124. Pour la plupart des groupes cotés et de nombreux groupes non cotés, les états financiers consolidés vérifiés seront disponibles auprès de sources publiques, y compris sur le site Internet du groupe. À défaut, les états financiers consolidés devront être communiqués directement à l'autorité fiscale par les entités du groupe. Dans certains cas, une autorité fiscale pourra être amenée à exercer les pouvoirs d'échange de renseignements prévus par les accords internationaux en vigueur afin d'obtenir confirmation de l'autorité fiscale du pays où se situe la société mère du groupe que les états financiers consolidés qui ont été communiqués sont identiques à ceux remis par la société mère, pour obtenir l'assurance que le groupe utilise les mêmes chiffres consolidés dans différents pays.

Définition d'un groupe

125. Étant donné que les états financiers consolidés constituent la source la plus complète et la plus objective d'informations financières sur les groupes multinationaux, une définition pratique et maniable d'un groupe doit être basée sur un groupe consolidé à des fins de comptabilité financière. Aussi, dans le cadre de l'application d'une règle fondée sur un ratio de groupe, un groupe comprend une société mère et toutes les entités qui sont entièrement consolidées, ligne par ligne, dans les états financiers consolidés de la société mère.

126. En général, la société mère doit être la société qui se situe en haut de la structure de détention. Lorsqu'un groupe établit des états financiers consolidés à différents niveaux (à des fins réglementaires ou pour satisfaire aux exigences de communication d'informations en vigueur au niveau local, par exemple), le groupe sera basé sur les états financiers consolidés préparés par la société située au sommet de la structure (le niveau de consolidation le plus élevé). Un groupe ne peut pas être dirigé par une personne physique ou par une entité autre qu'une société. Un groupe ne comprend pas des entités intégrées dans les états financiers consolidés mais qui ne sont pas entièrement consolidées ligne par ligne. En d'autres termes, il exclut les entités qui sont intégrées selon la méthode de mise en équivalence, de consolidation proportionnelle ou à leur juste valeur. Dans certaines situations bien circonscrites, une entité peut être contrôlée par une société mais ne pas apparaître dans les états financiers consolidés de cette société. Cela peut par exemple se produire si la société est une entité d'investissement qui investit dans un but de valorisation du capital et/ou pour générer des revenus, et qu'elle comptabilise ces investissements à leur juste valeur. Dans ces situations, même si l'entité contrôlée n'est pas la société qui se situe au sommet de la structure de détention, elle peut être la société mère d'un groupe distinct (qui englobe l'entité et toutes les entités qui figurent dans ses états financiers consolidés). L'exemple 7 à l'annexe D illustre comment cette définition s'appliquerait à des groupes dans différents cas de figure.

127. Comme le chapitre 9 l'explique, une règle fondée sur un ratio de groupe doit être étayée par une règle ciblée pour contrer le risque que ce ratio soit gonflé en utilisant des intérêts payés à une partie liée en dehors du groupe[2]. Une règle ciblée peut représenter une parade efficace face à ce risque, en offrant l'avantage que seuls les groupes qui paient des intérêts à des parties liées seront tenus de procéder à un ajustement en vertu de la règle. Cela étant, un pays peut décider de neutraliser ce risque en incluant dans la définition d'un groupe des parties liées spécifiées, comme celles qui se trouvent sous le contrôle commun d'une personne physique ou d'une entité non constituée en société. Cette approche est celle actuellement suivie par certains pays qui appliquent une règle fondée sur un ratio de groupe en s'appuyant sur un ratio fonds propres/total des actifs. Un pays peut également traiter ce risque en excluant tous les intérêts payés à des parties liées du calcul des charges d'intérêts nettes du groupe envers des tierces parties (comme l'explique la section intitulée *Calcul des charges d'intérêts nettes envers des tierces parties* ci-dessous).

128. Lorsqu'un pays applique l'approche de bonne pratique à la position du groupe local plutôt qu'à chaque entité séparément, il faudra prêter attention aux problèmes induits par les différences de définition d'un groupe à des fins de communication financière (qui repose généralement sur un niveau de contrôle de 50 %) et à des fins fiscales (la définition est généralement basée sur un niveau de contrôle plus élevé). Aussi, dans le cadre de l'application de la règle fondée sur un ratio de groupe, le groupe local dans un pays peut inclure des entités qui ne font pas partie d'un groupe à d'autres fins fiscales. Si tel est le cas, il peut être nécessaire de prendre en compte les interactions avec les règles de consolidation fiscale, de transmission de pertes et de contribution au bénéfice, par exemple. Ces aspects sont traités dans le chapitre 11.

Fonctionnement d'une règle fondée sur un ratio de groupe

129. Le calcul du montant des charges d'intérêts nettes déductibles selon une règle fondée sur un ratio de groupe suit un processus en deux étapes.

1. Calcul du ratio intérêts nets envers des tierces parties/EBITDA du groupe

   Charges d'intérêts nettes envers des tierces parties / EBITDA du groupe = Ratio de groupe

2. Application du ratio de groupe à l'EBITDA d'une entité

   Ratio de groupe x EBITDA de l'entité = Plafond des déductions d'intérêts nettes

Étape 1 : Calcul du ratio intérêts nets envers des tierces parties/EBITDA du groupe

130. La première étape consiste à calculer le ratio intérêts nets envers des tierces parties/EBITDA du groupe. Pour que la règle soit aussi simple que possible à appliquer par les groupes et à vérifier par les autorités fiscales, ce calcul doit être basé sur des informations provenant des états financiers consolidés du groupe.

Calcul des charges d'intérêts nettes envers des tierces parties

131. Comme le chapitre 2 l'explique, une approche de bonne pratique doit s'attaquer aux pratiques d'érosion de la base d'imposition et de transfert de bénéfices qui font intervenir des intérêts et des paiements économiquement équivalents à des intérêts. Toutes les normes comptables ne traitent pas les produits financiers et les charges financières de la même manière, mais la plupart d'entre elles suivent une approche qui englobe les intérêts et les paiements économiquement équivalents à des intérêts. Il est donc recommandé que, lors du calcul du ratio charges d'intérêts nettes envers des tierces parties/EBITDA d'un groupe, les charges d'intérêts nettes envers des tierces parties soient basées sur des données issues de la comptabilité financière.

132. Dans le cadre de cette approche, les charges d'intérêts nettes envers des tierces parties peuvent être déterminées selon trois méthodes. Chacune d'elles procure un degré de précision croissant, mais représente aussi un degré de complexité croissant.

Méthode 1 : Utilisation de données financières non ajustées

133. La méthode la plus simple pour calculer les charges d'intérêts nettes envers des tierces parties consiste à se baser sur les chiffres relatifs aux recettes et aux dépenses provenant des états financiers consolidés du groupe, sans les ajuster. En fonction des normes et des règles comptables en vigueur, ils peuvent être désignés en tant que produits et charges d'intérêts, produits et charges financiers ou en des termes similaires. Cette approche simple à mettre en œuvre offre le plus souvent une protection efficace contre les pratiques les plus graves d'érosion de la base d'imposition et de transfert de bénéfices. Un risque subsiste néanmoins, car l'utilisation de chiffres non ajustés peut avoir pour conséquence que les charges d'intérêts nettes d'un groupe envers des tierces parties peuvent être surestimées ou sous-estimées, de sorte que le plafond des déductions applicable à une entité sera trop élevé (ouvrant la voie à d'éventuelles pratiques de BEPS) ou trop bas (donnant lieu à une double imposition). En outre, avec cette méthode, les charges d'intérêts nettes d'un groupe envers des tierces parties varient en fonction des normes comptables appliquées et de la possibilité d'inclure des produits ou des charges d'intérêts dans une ligne différente du

compte de résultats du groupe. Par exemple, dans certains cas, les normes comptables offrent la possibilité de comptabiliser certains postes de produits et de charges dans le bénéfice d'exploitation, dans les produits et charges financiers ou en tant que rubrique distincte dans le compte de résultats consolidé. Enfin, l'utilisation de chiffres non ajustés pourrait entraîner une forte volatilité des charges d'intérêts nettes du groupe envers des tierces parties, par exemple lorsqu'un groupe qui établit ses états financiers consolidés selon les IFRS enregistre les variations de juste valeur des actifs et des passifs financiers dans la rubrique des produits et des charges financiers.

Méthode 2 : Utilisation de données financières ajustées pour partie

134. Au lieu d'utiliser des chiffres bruts qui proviennent directement des états financiers consolidés d'un groupe, un pays peut demander à une entité de procéder à des ajustements en vue d'inclure ou d'exclure certains paiements. Avec cette approche, la règle est un peu plus complexe, mais elle permet de remédier à certaines différences entre normes comptables et de refléter plus précisément les montants décrits au chapitre 2. Les ajustements qu'un pays peut demander à une entité de procéder pour déterminer les charges d'intérêts nettes envers des tierces parties sont les suivants :

- **La suppression des paiements qui ne sont pas économiquement équivalents à des intérêts.** Ils peuvent inclure : *(i)* les revenus sous forme de dividendes, *(ii)* les plus-values et pertes sur cession d'instruments financiers, *(iii)* les gains et pertes de juste valeur sur instruments financiers, et *(iv)* les intérêts notionnels qui n'incluent pas des paiements effectifs d'intérêts. Souvent, ces montants doivent apparaître dans les états financiers consolidés d'un groupe.
- **L'ajout des intérêts capitalisés.** Les intérêts capitalisés sont inclus dans la valeur d'un actif inscrite au bilan mais ne le sont pas dans les charges financières du groupe. En général, le montant des intérêts capitalisés une année doit apparaître dans les états financiers consolidés d'un groupe. Un ajustement au titre des intérêts capitalisés peut être effectué pendant l'exercice durant lequel les intérêts sont encourus, ou au gré de leur amortissement sur toute la durée de vie de l'actif correspondant.
- **L'ajout de produits ou de charges d'intérêts inscrits dans une catégorie différente de recettes ou de dépenses.** Il peut s'agir de produits d'intérêts qui sont inclus dans les recettes brutes, ou de charges d'intérêts qui sont comprises dans le coût des ventes ou dans la rubrique impôts. Dans certains cas, ces montants n'apparaissent pas dans les états financiers consolidés et devront être obtenus à partir de données financières sous-jacentes. Les groupes peuvent être amenés à mettre en place des processus visant à faciliter l'identification de ces montants, surtout s'ils aboutissent à une augmentation des charges d'intérêts nettes envers des tierces parties.

135. Lorsqu'un pays suit cette approche, il peut demander à une entité que le montant de chaque ajustement soit confirmé par un expert-comptable indépendant. À défaut, une autorité fiscale peut mener sa propre enquête pour confirmer les ajustements.

Méthode 3 : Utilisation de la valeur des intérêts et paiements d'intérêts définis au chapitre 2 qui ressort des états financiers

136. La méthode la plus exacte, mais aussi potentiellement la plus complexe, consiste à demander à une entité de fournir une évaluation des montants inclus dans la définition des intérêts et des paiements économiquement équivalents à des intérêts visée au chapitre 2, sur la base des chiffres figurant dans les états financiers consolidés de son groupe.

137. Cette méthode aboutit le plus souvent à une valeur des charges d'intérêts nettes envers des tierces parties qui est pratiquement la même qu'avec la deuxième méthode. Toutefois, lorsqu'il existe une différence entre les éléments inclus dans les produits et charges financiers d'un groupe et ceux couverts par la définition du chapitre 2, qui n'est pas reflétée par les ajustements prévus ci-dessus, cette méthode devrait aboutir au résultat le plus précis et le plus ciblé. En revanche, il peut être plus difficile de confirmer directement cette valeur des charges d'intérêts nettes en utilisant les états financiers consolidés du groupe, de sorte que cette méthode devrait être choisie uniquement si un pays a l'assurance de pouvoir vérifier les livres et registres d'un groupe.

Approche proposée

138. Le calcul des produits d'intérêts nets envers des tierces parties doit être basé sur les chiffres extraits des états financiers consolidés du groupe. L'utilisation de chiffres non ajustés est actuellement considérée comme une méthode acceptable, mais il existe un risque de surestimation ou de sous-estimation des charges d'intérêts nettes envers des tierces parties et il est probable que la plupart des pays souhaiteront apporter certains ajustements à ces chiffres, même si ces ajustements devraient être réduits au minimum dans une optique de simplicité. Des travaux supplémentaires devront être entrepris en vue d'évaluer la faisabilité de chacune de ces méthodes, de déterminer comment les renseignements peuvent être obtenus à partir des états financiers établis selon différentes normes comptables et, lorsque les informations financières communiquées doivent être ajustées, de préciser les montants qui doivent être inclus et exclus des charges d'intérêts nettes envers des tierces parties.

139. Avec ces trois méthodes, un pays peut choisir d'autoriser une majoration jusqu'à 10 % des charges d'intérêts nettes envers des tierces parties. Cela réduirait le risque que l'intégralité des charges d'intérêts nettes effectives d'un groupe envers des tierces parties soient rejetées à des fins de déduction. Cela permettrait également d'atténuer l'impact de contraintes qui ont pour effet que, même à long terme, un groupe ne pourra pas aligner précisément ses charges d'intérêts nettes et son EBITDA. L'exemple 6c à l'annexe D illustre comment appliquer une majoration.

140. Comme l'explique la section *Définition d'un groupe* ci-dessus, avec une règle fondée sur un ratio de groupe, il existe un risque que les charges d'intérêts nettes d'un groupe envers des tierces parties soient gonflées en utilisant des intérêts payés à des parties liées n'appartenant pas au groupe. Cela aurait pour effet d'augmenter le ratio charges d'intérêts nettes envers des tierces parties/EBITDA du groupe et de relever la limite des déductions d'intérêts applicable à chaque entité du groupe. Un pays peut contrer ce risque en excluant les paiements effectués à des parties liées du calcul des charges nettes d'intérêts envers des tierces parties. Si un pays autorise l'inclusion des intérêts payés à des parties liées dans le montant des charges nettes d'intérêts envers des tierces parties, il devrait adopter les règles ciblées décrites au chapitre 9 pour s'assurer que ces paiements ne seront pas utilisés pour réduire la capacité de la règle à lutter contre l'érosion de la base d'imposition et le transfert de bénéfices.

Calcul de l'EBITDA d'un groupe

141. L'EBITDA est une mesure objective de l'activité économique au sein d'un groupe, et peut être appliquée aux groupes opérant dans la plupart des secteurs (à l'exception des secteurs de la banque et de l'assurance, qui sont étudiés au chapitre 10). L'EBITDA n'est généralement pas explicitement indiqué dans le compte de résultats consolidé d'un groupe, mais aux fins de l'application de la règle fondée sur un ratio de groupe, il doit être calculé à partir de chiffres aisément disponibles extraits des états financiers consolidés du groupe.

142. En tant que bonne pratique, le point de départ du calcul de l'EBITDA d'un groupe devrait être le bénéfice avant impôts, plus charges d'intérêts nettes envers des tierces parties, amortissement et provisions (y compris pour dévalorisation). Pour éviter un double comptage, lorsque les charges d'intérêts nettes envers des tierces parties ont été ajustées pour inclure les intérêts capitalisés (ou l'amortissement des intérêts capitalisés), l'amortissement et les provisions doivent être ajustés afin de soustraire tout montant représentatif de l'amortissement d'intérêts inclus dans la valeur des actifs capitalisés. Des travaux supplémentaires seront entrepris en vue d'affiner la définition de l'EBITDA d'un groupe, notamment pour déterminer s'il doit exclure des éléments tels que les revenus sous forme de dividendes (et si ce choix doit dépendre de l'éventualité que les dividendes seraient imposables s'ils sont perçus dans le pays qui applique la règle), d'autres produits et charges financiers non intégrés dans les charges nettes d'intérêts envers des tierces parties, des éléments exceptionnels résultant de restructurations et de fusions, et la fraction des bénéfices provenant d'associés et d'entités en coentreprise qui sont intégrés dans les états financiers consolidés selon la méthode de la mise en équivalence, mais qui ne font pas partie du groupe aux fins de la règle fondée sur un ratio de groupe[3].

Étape 2 : Application du ratio du groupe à l'EBITDA de l'entité

143. Lorsque les charges d'intérêts nettes d'un groupe envers des tierces parties et son EBITDA ont été déterminés, il est possible de calculer le ratio intérêts nets envers des tierces parties/EBITDA du groupe. Ce ratio peut ensuite être appliqué à l'EBITDA d'une entité individuelle au sein d'un groupe en vue de déterminer le plafond des déductions d'intérêts qui peuvent être demandées en vertu d'une règle fondée sur un ratio de groupe. En tant que bonne pratique, un pays peut imposer que l'EBITDA d'une entité soit calculée en suivant les principes fiscaux ou comptables. Les sections suivantes résument les modalités de calcul de l'EBITDA fiscal et de l'EBITDA comptable d'une entité selon l'approche de bonne pratique. L'exemple 8 à l'annexe D contient plus de précisions, qui illustrent en quoi ces approches peuvent aboutir à des résultats différents.

Calcul de l'EBITDA fiscal d'une entité

144. L'EBITDA fiscal d'une entité est égal à son bénéfice imposable, après ajout des valeurs fiscales correspondant aux charges d'intérêts nettes, amortissements et provisions. Ces valeurs sont déterminées selon les règles fiscales du pays qui applique la règle. Les revenus non imposables tels que les bénéfices de succursales ou les dividendes ouvrant droit à une exonération au titre des participations ne doivent pas être inclus dans le calcul de l'EBITDA fiscal. Des ajustements appropriés doivent également être apportés aux bénéfices de succursales et aux dividendes imposables dans la mesure où ils échappent à l'impôt en vertu de crédits d'impôts étrangers, afin de neutraliser les risques d'érosion de la base d'imposition et de transfert de bénéfices visés par ce rapport. Le ratio intérêts nets envers des tierces parties/EBITDA d'un groupe peut être appliqué à l'EBITDA fiscal d'une entité pour obtenir un plafond fiscal d'intérêts déductibles. Ce plafond est directement comparé aux charges d'intérêts nettes d'une entité à des fins fiscales afin de déterminer le montant qui peut être déduit.

145. Le calcul de l'EBITDA en suivant des principes fiscaux est cohérent avec l'approche recommandée pour le calcul des résultats de l'entité selon la règle fondée sur un ratio déterminé. Il est simple à appliquer par les groupes et à vérifier par les autorités fiscales, et offre l'avantage, dans l'optique de la lutte contre l'érosion de la base d'imposition et le transfert de bénéfices, que les déductions d'intérêts d'une entité sont liées au niveau de son

résultat imposable. Par conséquent, lorsque le résultat imposable d'une entité est supérieur à son résultat comptable, sa capacité à déduire des charges d'intérêts s'en trouvera majorée. De même, si une entité se livre à des activités de planification fiscale en vue de réduire son résultat imposable, elle pourra déduire moins de charges d'intérêts nettes. Lorsqu'un pays applique la règle fondée sur un ratio de groupe à la position du groupe local plutôt qu'à chaque entité prise séparément, l'EBITDA fiscal du groupe local devrait être assez simple à calculer, en additionnant l'EBITDA fiscal de chacune des entités (avec un ajustement si le groupe local comprend des entités qui ont des exercices différents à des fins fiscales).

Calcul de l'EBITDA comptable d'une entité

146. L'EBITDA comptable d'une entité doit être déterminé en appliquant la même formule que pour l'EBITDA d'un groupe. Cependant, les revenus qui ne sont pas imposables, comme les dividendes ou les bénéfices d'une succursale couverts par l'exonération au titre des participations, doivent être exclus. De cette manière, une entité ne peut pas déduire plus d'intérêts du fait qu'elle perçoit un revenu exonéré d'impôt, ce qui ouvrirait la voie à des pratiques d'érosion de la base d'imposition et de transfert de bénéfices.

147. En principe, l'EBITDA comptable d'une entité doit être basé sur des données financières établies en vertu des mêmes règles comptables que celles suivies pour dresser les états financiers consolidés. Néanmoins, ce principe imposerait une charge considérable à de nombreux groupes, car les états financiers des entités sont souvent, à l'heure actuelle, préparés uniquement selon les GAAP locaux. Sachant que, pour les groupes actifs dans la plupart des secteurs, les éléments constitutifs de l'EBITDA sont comptabilisés et valorisés de façon globalement cohérente selon les principales normes comptables, les pays devraient envisager d'accepter un EBITDA d'entité calculé selon les GAAP locaux comme solution de rechange. Pour décider d'accepter ou non un EBITDA d'entité calculé selon les GAAP locaux, un pays peut examiner dans quelle mesure les GAAP locaux sont alignés sur les IFRS et sur d'autres grandes normes comptables.

148. Lors du calcul de l'EBITDA comptable d'une entité, il est également recommandé de ne pas apporter d'ajustement en vue de soustraire le bénéfice ou la perte résultant de transactions intragroupe. Ainsi, dans certains cas, l'EBITDA agrégé des entités d'un groupe pourra dépasser l'EBITDA consolidé du groupe dans son ensemble. Cela peut se produire lorsque par exemple une entité d'un groupe comptabilise le bénéfice généré par la vente de biens à une autre entité du groupe, mais le prix d'achat n'est pas inclus dans le coût des ventes de la deuxième entité parce que les biens n'ont pas encore été vendus en dehors du groupe. Toutefois, cette approche devrait faire en sorte que l'EBITDA de chaque entité reflète son niveau d'activité économique, même s'il résulte de transactions au sein de son groupe. Lorsqu'un pays applique la règle fondée sur un ratio de groupe à la position d'un groupe local dans son ensemble, les EBITDA comptables des entités membres du groupe local doivent être agrégés. Dans ce cas, les transactions intragroupe effectuées à l'intérieur du groupe local peuvent être éliminées dans la mesure où elles ne se compensent pas mutuellement.

149. Un ratio intérêts nets envers des tierces parties/EBITDA d'un groupe peut être appliqué à l'EBITDA comptable d'une entité pour obtenir un plafond des charges d'intérêts nettes. Ce plafond peut être comparé directement aux charges d'intérêts nettes de l'entité à des fins fiscales afin de déterminer le montant déductible. En alternative, le plafond comptable peut être ajusté pour tenir compte des différences entre les charges d'intérêts nettes de l'entité à des fins comptables et à des fins fiscales. L'exemple 8c à l'annexe D décrit une méthode possible pour y parvenir.

Traitement de l'impact d'entités déficitaires sur le fonctionnement d'une règle fondée sur un ratio de groupe

150. En général, avec une règle fondée sur un ratio de groupe, une entité peut demander des déductions au titre de charges d'intérêts à concurrence du ratio intérêts nets envers des tierces parties/EBITDA de son groupe. Toutefois, deux scénarios sont possibles, qui peuvent résulter de la présence d'entités déficitaires au sein d'un groupe, imposant des limites à cette approche générale.

151. Le premier scénario concerne un groupe qui enregistre un EBITDA positif, mais qui inclut les résultats d'une entité déficitaire. Ceci a pour conséquence que l'EBITDA du groupe est réduit et le ratio intérêts nets envers des tierces parties/EBITDA du groupe est majoré. Avec une règle fondée sur un ratio de groupe, la capacité d'entités bénéficiaires du groupe à déduire des charges d'intérêts s'en trouverait accrue, à tel point qu'elles dépasseraient les charges d'intérêts nettes réelles du groupe dans son ensemble. Lorsqu'un report en avant du montant inutilisé de charges d'intérêts déductibles est autorisé, cette faculté pourrait être exercée pour garantir des déductions d'intérêts à l'avenir. L'exemple 9a à l'annexe D illustre ce cas de figure. Ce risque pourrait être atténué en partie en plafonnant la capacité à déduire des intérêts d'une entité qui applique la règle fondée sur un ratio de groupe, correspondant aux charges d'intérêts nettes de l'ensemble du groupe envers des tierces parties. Ce plafond ne signifie pas que les déductions d'intérêts nettes d'une entité sont inférieures à ce qu'elles auraient été avec la règle fondée sur un ratio de groupe si l'EBITDA du groupe n'avait été minoré par des pertes. Cette approche ne supprime pas le risque que le total des déductions d'intérêts nettes de toutes les entités du groupe excède les charges d'intérêts nettes réelles du groupe envers des tierces parties. Toutefois, elle devrait empêcher qu'une entité individuelle bénéficie d'une capacité très élevée de déduction d'intérêts qui pourrait servir à des fins d'érosion de la base d'imposition et de transfert de bénéfices. L'exemple 9b à l'annexe D illustre le fonctionnement de ce plafond.

152. Le deuxième scénario concerne des groupes qui enregistrent un EBITDA négatif au niveau consolidé, mais qui comportent certaines entités bénéficiaires. Dans cette situation, il n'est pas possible de calculer un ratio intérêts nets envers des tierces parties/EBITDA pertinent pour le groupe car ce ratio sera négatif. Toutefois, une entité bénéficiaire au sein du groupe apporte une contribution positive aux résultats du groupe, ce qui doit être pris en compte. Dans ce cas, selon l'approche de bonne pratique, une entité affichant un EBITDA positif et qui appartient à un groupe déficitaire pourrait bénéficier d'une capacité à déduire des intérêts égale aux charges d'intérêts nettes effectives de l'entité ou aux charges d'intérêts nettes du groupe envers des tierces parties, le montant le moins élevé des deux étant retenu. Comme l'indique l'exemple 9c à l'annexe D, cela permet à l'entité de déduire ses charges d'intérêts nettes effectives à concurrence d'un plafond basé sur les charges d'intérêts nettes réelles de son groupe. Étant donné qu'un ratio de groupe ne peut pas être calculé en pareilles circonstances, c'est la façon la plus simple d'associer la déductibilité des intérêts d'une entité à la position de son groupe.

153. Une solution de rechange consisterait à exclure les entités déficitaires du calcul de l'EBITDA d'un groupe. Cela supprimerait le risque qu'une entité ait la possibilité de déduire un montant excessif d'intérêts. Cela étant, il n'est généralement pas possible d'obtenir des informations sur les entités déficitaires au sein d'un groupe à partir des états financiers consolidés. Une entité peut être en mesure de communiquer ces renseignements directement à l'administration fiscale d'un pays, mais il peut être très difficile pour l'administration fiscale de confirmer l'exactitude de ces renseignements et de s'assurer que toutes les entités

déficitaires d'un groupe ont été identifiées et exclues. Les exemples 9d et 9e à l'annexe D illustrent le fonctionnement pratique de cette méthode.

154. Des travaux supplémentaires seront consacrés à l'impact des pertes sur le fonctionnement d'une règle fondée sur un ratio de groupe et à la faisabilité de différentes méthodes pour atténuer cet impact. Les problèmes soulevés par l'impact des pertes sur une règle fondée sur un ratio de groupe surviennent uniquement lorsque la règle utilise un ratio basé sur le résultat. Lorsqu'une base différente est utilisée, comme le ratio fonds propres/total des actifs, il ne devrait pas être nécessaire de prévoir des dispositions spéciales destinées à gérer l'effet des pertes.

Notes

1. Le chapitre 11 contient un résumé des différentes approches qu'un pays peut suivre pour appliquer une règle fondée sur un ratio déterminé à un groupe local en fonction de la structure de son système fiscal.
2. L'expression « partie liée » est définie au chapitre 9.
3. À des fins d'information financière, « associés » désignent des entités sur lesquelles un groupe exerce une influence significative, mais pas suffisante pour lui en donner le contrôle. Cela désigne en général les cas où un groupe contrôle 20 % à 50 % des droits de vote de l'entité.

Chapitre 8

Traitement des risques de volatilité et de double imposition

155. Le traitement de la volatilité du résultat qui influe sur la capacité d'une entité à déduire ses charges d'intérêts constitue l'un des principaux enjeux d'une approche de bonne pratique qui associe les déductions nettes d'intérêts au niveau de l'EBITDA d'une entité. Lorsque la volatilité du résultat ou des décalages temporels dans la comptabilisation des charges d'intérêts et de l'EBITDA ont pour conséquence qu'une entité dépasse le ratio de référence fixé dans le cadre d'une règle fondée sur un ratio déterminé, la règle fondée sur un ratio de groupe décrite au chapitre 7 peut offrir une solution en permettant à cette entité de déduire des charges d'intérêts nettes à concurrence du ratio intérêts nets envers des tierces parties/EBITDA du groupe s'il est plus élevé. Le même résultat peut être atteint en utilisant une règle fondée sur un ratio de groupe basé sur un ratio fonds propres/total des actifs, comme la clause de sauvegarde décrite à l'annexe C, qui pourrait aussi être appliquée par une entité ayant un EBITDA négatif si elle peut prouver qu'elle satisfait aux exigences de la règle. À défaut, ce problème peut être traité dans une certaine mesure en utilisant l'EBITDA moyen sur un certain nombre d'années ou en autorisant une entité à reporter sur un exercice antérieur ou futur des charges d'intérêts non déductibles ou un montant inutilisé de charges d'intérêts déductibles.

Mesure de l'activité économique au moyen de l'EBITDA moyen

156. Au lieu d'associer la capacité d'une entité à déduire des charges d'intérêts nettes à son activité économique au cours d'une seule année, l'utilisation de moyennes permettrait d'atténuer l'impact de la volatilité à court terme. Par exemple, avec une règle fondée sur un ratio déterminé, le ratio pourrait être appliqué à la moyenne de l'EBITDA de l'exercice en cours et des deux années précédentes. Dans ce cas, l'impact d'une baisse de l'EBITDA une année serait réparti sur une période de trois ans, et le résultat inférieur une année serait compensé par un résultat supérieur les autres années. L'utilisation d'une moyenne dans le cadre d'une règle fondée sur un ratio de groupe serait plus compliquée, car elle devrait s'appliquer au calcul de l'EBITDA du groupe et de chacune des entités. Cela générerait des difficultés supplémentaires, comme le traitement des cas dans lesquels la composition d'un groupe change au cours de la période retenue pour le calcul de la moyenne. Toutefois, l'utilisation d'une moyenne pourrait atténuer l'impact de pertes sur le fonctionnement d'une règle, notamment lorsqu'une entité se trouve en situation déficitaire une ou deux années seulement.

157. L'utilisation d'une moyenne pourrait procurer à une entité une certaine protection face à la volatilité à court terme, mais pas face à une volatilité à plus long terme en dehors de la période utilisée pour le calcul d'une moyenne. Elle serait également sans utilité pour une entité qui supporte des charges d'intérêts afin de financer un projet ou un investissement qui générera un EBITDA au moins deux années plus tard, par exemple.

158. Globalement, l'utilisation de moyennes risque d'augmenter la complexité de la règle, mais elle pourrait contribuer à atténuer la volatilité. À ce titre, elle constitue une option que les pays pourraient appliquer dans le cadre de l'approche de bonne pratique. Néanmoins, pour réduire le risque d'arbitrage, le choix d'utiliser des moyennes devrait s'étendre à toutes les entités d'un groupe local. L'exemple 10 de l'annexe D illustre les modalités d'application d'une moyenne sur trois ans à une règle fondée sur un ratio déterminé.

Report en avant et en arrière de charges d'intérêts non déductibles et de montants inutilisés de charges d'intérêts déductibles

159. Lorsqu'un paiement d'intérêts est rattaché à une transaction réalisée dans un but d'érosion de la base d'imposition ou de transfert de bénéfices, ou lorsque l'entité enregistre en permanence un niveau de charges d'intérêts nettes supérieur au ratio de référence et au ratio de groupe, la conclusion appropriée peut consister à exclure définitivement toute déduction au titre de ces charges d'intérêts nettes. Cependant, les charges d'intérêts d'une entité dépassent parfois le montant ouvrant droit à déduction du simple fait d'un décalage temporel qui se corrigera au cours d'un exercice futur. Cela peut par exemple se produire lorsqu'une entité supporte des charges d'intérêts pour financer un projet ou un investissement qui générera un résultat dans le futur. Il se peut aussi que l'EBITDA d'une entité varie pour des raisons qui échappent à son contrôle, par exemple sous l'effet de l'évolution des conditions du marché, venant augmenter ou réduire le montant des charges d'intérêts nettes qu'elle peut déduire de son impôt. En outre, avec une règle fondée sur un ratio de groupe, le montant des charges d'intérêts nettes qu'une entité peut déduire peut être influencé par la volatilité de l'EBITDA d'autres entités du groupe. En pareils cas, un refus définitif d'une déduction au titre de charges d'intérêts entraînerait une incertitude pour les groupes qui pourrait compliquer la planification à long terme et qu'un pays pourrait juger indésirable. Un refus définitif pourrait aussi aboutir à une double imposition si le créancier est taxé sur les produits d'intérêts correspondants.

160. La règle fondée sur un ratio déterminé comme la règle fondée sur un ratio de groupe fixent une limite à la capacité d'une entité de déduire des charges d'intérêts nettes (capacité de déduction). Hormis les cas où la capacité de déduction d'une entité correspond parfaitement à ses charges d'intérêts nettes, l'application d'une règle aura pour effet qu'une entité subira une exclusion de charges d'intérêts (lorsque ses charges d'intérêts nettes dépassent le maximum autorisé) ou aura une capacité inutilisée à déduire des charges d'intérêts (lorsque ses charges d'intérêts nettes sont inférieures au maximum autorisé). Autoriser l'utilisation de charges d'intérêts exclues et d'une capacité inutilisée à déduire des intérêts sur d'autres périodes au moyen de dispositions sur le report en avant ou en arrière procurerait des avantages évidents aux entités, réduisant le risque d'exclusion permanente des charges d'intérêts lorsque les charges d'intérêts et l'EBITDA sont comptabilisés dans des périodes différentes. Du point de vue d'un pays, cela peut aussi plaider une faveur d'une règle selon laquelle le niveau des déductions nettes d'intérêts d'une entité doit être lié au niveau de son résultat dans la durée.

161. Dans le cadre de approche de bonne pratique, rien n'oblige un pays à autoriser une entité à reporter en avant ou en arrière des charges d'intérêts non déductibles ou des montants inutilisés de charges d'intérêts déductibles. Toutefois, un pays peut choisir d'autoriser une entité à :

- reporter en avant des charges d'intérêts non déductibles uniquement
- reporter en avant des charges d'intérêts non déductibles et des montants inutilisés de charges d'intérêts déductibles
- reporter en avant et en arrière des charges d'intérêts non déductibles.

162. Le montant des charges d'intérêts d'une entité non déductibles qui peut être reporté en avant ou en arrière en vertu de ces dispositions sera généralement la fraction des charges d'intérêts nettes déductibles qui dépasse le montant autorisé par la règle fondée sur un ratio déterminé et par la règle fondée sur un ratio de groupe. Les charges d'intérêts non déductibles en vertu de règles ciblées se rattachent généralement à des transactions ou à des accords qui génèrent des risques spécifiques d'érosion de la base d'imposition et de transfert de bénéfices, et ne devraient pas se prêter à un report en avant ou en arrière.

163. Lorsqu'un pays autorise une entité à reporter des montants inutilisés de charges d'intérêts déductibles sur des exercices ultérieurs, ce report devrait se limiter au montant de l'écart entre les charges d'intérêts nettes de l'entité et le plafond autorisé par la règle fondée sur un ratio déterminé uniquement. À défaut, un pays peut autoriser le report en avant de montants inutilisés de charges d'intérêts déductibles sur la base du niveau des intérêts nets autorisés par la règle fondée sur un ratio de groupe. Cela réduirait l'impact de la volatilité des résultats du groupe sur la capacité d'une entité à déduire des charges nettes d'intérêts, et cadrerait avec le principe d'autoriser un groupe à déduire un montant équivalent à ses charges nettes d'intérêts envers des tierces parties. Quoi qu'il en soit, un report en avant de montants inutilisés de charges d'intérêts pourrait permettre à une entité qui a déjà déduit l'intégralité de ses charges d'intérêts nettes de constituer un important potentiel de report sur des exercices ultérieurs.

164. Autoriser le report en avant ou en arrière de charges d'intérêts non déductibles et de montants inutilisés de charges d'intérêts déductibles et leur utilisation au cours d'autres périodes comporte des risques d'érosion de la base d'imposition et de transfert de bénéfices. C'est particulièrement vrai pour la capacité inutilisée à déduire des charges d'intérêts, car une possibilité de report en avant sur des périodes longues ou illimitées pourrait générer un actif fiscal considérable qui ne peut être réalisé qu'en augmentant le niveau des charges d'intérêts nettes de l'entité ou en réduisant le niveau de l'EBITDA lors d'une période future, aucune de ces deux pratiques ne devant être encouragée par une règle de lutte contre l'érosion de la base d'imposition et le transfert de bénéfices. Des problèmes analogues se posent avec le report en arrière de charges d'intérêts non déductibles. D'un autre côté, le report en avant sur une période longue ou illimitée de charges d'intérêts non déductibles pourrait inciter une entité à porter ses charges d'intérêts au-delà du montant maximum autorisé, sachant qu'en cas de dépassement du montant autorisé une année, l'excédent pourra être déduit lors de périodes futures. Toutefois, ce risque n'est pas jugé aussi élevé que les risques induits par le report en arrière de charges d'intérêts non déductibles ou au report en avant d'une capacité inutilisée à déduire des intérêts, car ces deux dernières dispositions offrent plus de possibilités de monétisation immédiate.

165. Aussi, lorsque le report en avant ou en arrière est autorisé, un pays pourrait envisager de limiter celui-ci dans le temps et/ou en valeur. C'est un aspect particulièrement important s'agissant du report en avant de montants inutilisés de charges d'intérêts déductibles et du report en arrière de charges d'intérêts non déductibles, qui s'accompagnent de risques potentiellement plus élevés d'érosion de la base d'imposition et de transfert de bénéfices. Ainsi, les limites suivantes pourraient être fixées :

- Le nombre d'années pendant lequel des charges d'intérêts non déductibles ou des montants inutilisés de charges d'intérêts déductibles peuvent être reportés sur un exercice ultérieur, ou pendant lequel des charges d'intérêts non déductibles peuvent être reportées sur un exercice antérieur, pourrait être limité.
- La valeur des reports en avant pourrait être progressivement réduite (de 10 % chaque année, par exemple).

- La valeur des reports en avant ou en arrière pourrait être plafonnée à un montant monétaire fixe.
- Le montant des reports en avant ou en arrière qui peut être utilisé une année donnée pourrait être limité (en disposant par exemple que 50 % des charges d'intérêts nettes de l'exercice au maximum peuvent être imputées aux montants inutilisés de charges d'intérêts déductibles reportés d'exercices antérieurs).
- Les reports en avant devraient être remis à zéro dans certaines circonstances, suivant la pratique normale valable pour les reports en avant des pertes (par exemple, lorsque la structure de propriété d'une société change et que la nature de ses activités économiques change également).

166. Lorsqu'un pays applique une règle fondée sur un ratio déterminé en association avec une règle fondée sur un ratio de groupe, il peut appliquer une seule disposition relative au report en avant pour couvrir les intérêts non déduits selon les deux règles. Il peut aussi imposer des limites différentes selon que les charges d'intérêts sont exclues en vertu de la règle fondée sur un ratio déterminé ou de la règle fondée sur un ratio de groupe. Toutefois, cette solution sera probablement beaucoup plus complexe à mettre en œuvre et à gérer. Par exemple, les groupes peuvent être tenus de conserver un stock de report en avant distinct selon chaque règle. Le pays devrait aussi réfléchir à l'utilisation possible des intérêts exclus reportés dans chaque pool (si par exemple un pool devrait être utilisé en premier ou si les intérêts exclus selon une règle peuvent être imputés uniquement à la capacité inutilisée à déduire des intérêts générée par la même règle).

167. Lorsqu'un pays applique des règles de limitation des intérêts à la position du groupe local plutôt qu'à chaque entité séparément, il doit également réfléchir à l'impact de ce choix sur d'éventuelles dispositions de report en avant ou en arrière (déterminer par exemple si une entité devrait être en mesure d'utiliser des charges d'intérêts non déductibles reportées d'une période antérieure à la date à laquelle elle a rejoint le groupe).

Chapitre 9

Règles ciblées

Objectif des règles ciblées

168. Les règles ciblées de limitation des intérêts englobent les dispositions ayant pour effet de restreindre les déductions d'intérêts au titre de paiements effectués dans le cadre de transactions ou d'accords spécifiques. Elles s'opposent aux règles générales de limitation des intérêts, telles que la règle fondée sur un ratio déterminé et la règle fondée sur un ratio de groupe, qui définissent une limite globale pour les déductions d'intérêts d'une entité. Plusieurs pays n'appliquent pas, à ce jour, de règle générale de limitation des intérêts, mais utilisent uniquement des règles ciblées. Cette approche présente notamment l'avantage de réduire les risques d'incidences négatives pour les entités qui sont déjà correctement capitalisées et d'éviter les incitations pouvant découler d'une règle fondée sur un ratio déterminé, à savoir inciter des groupes à augmenter le ratio d'endettement de leurs entités locales jusqu'à atteindre le ratio de référence. L'utilisation de règles ciblées permet en outre aux pays de répondre à des préoccupations particulières, en réduisant potentiellement les coûts de mise en conformité pour les entités, en particulier pour celles qui ne se livrent pas à des pratiques d'érosion de la base d'imposition et de transfert de bénéfices. Cependant, cette approche ne va pas sans certains inconvénients et, surtout, les règles ciblées restent dans une certaine mesure une réponse réactive, qui suppose que les pays identifient les risques d'érosion de la base d'imposition et de transfert de bénéfices dès qu'ils se présentent. Il existe un risque que certains groupes considèrent que tous les mécanismes non couverts par les règles ciblées sont admissibles, ce qui peut conduire à l'ajout de nouvelles règles ciblées au fil du temps. Des règles ciblées supposent de plus une mise en application active, en d'autres termes, l'administration fiscale doit être en mesure d'identifier les situations couvertes par une règle, souvent au sein d'une transaction complexe, puis d'argumenter avec un groupe afin de déterminer le résultat approprié. Globalement, une approche entièrement basée sur des règles ciblées peut conduire à définir un grand nombre de règles, ce qui augmente la complexité et accroît les coûts de mise en conformité et les coûts administratifs. Lorsque les règles ne sont pas exhaustives, elles ne couvrent pas tous les risques d'érosion de la base d'imposition et de transfert de bénéfices. Par ailleurs, une approche utilisant une règle générale complétée par des règles ciblées dans des domaines clés devrait assurer aux pays la prise en compte des principaux risques d'érosion de la base d'imposition et de transfert de bénéfices, tout en permettant aux groupes d'obtenir les déductions au titre de leurs charges d'intérêts nettes effectives envers des tierces parties.

169. L'approche de bonne pratique exposée dans ce rapport préconise d'adopter des règles générales de limitation des intérêts, mais il est admis que des règles ciblées peuvent aussi apporter une solution efficace à certains risques d'érosion de la base d'imposition et de transfert de bénéfices. Ce chapitre présente un certain nombre de risques spécifiques qui ne peuvent pas être traités par la règle fondée sur un ratio déterminé et la règle fondée sur

un ratio de groupe et qui peuvent justifier l'adoption de règles ciblées. Les pays peuvent aussi continuer d'appliquer les règles générales de limitation des intérêts et les règles ciblées existantes dès lors qu'elles couvrent ces risques spécifiques. Par exemple, un pays peut appliquer une règle relative à la sous-capitalisation basée sur un ratio déterminé dette/ fonds propres pour rejeter la déduction d'intérêts sur des emprunts excessifs, parallèlement à la règle fondée sur un ratio déterminé, avec pour effet de ne pas admettre en déduction des intérêts même lorsqu'une entité ne dépasse pas le niveau des charges nettes d'intérêts autorisé par la règle fondée sur un ratio déterminé.

170. L'impact d'une règle ciblée applicable à un accord variera selon la nature de l'accord et selon le risque auquel la règle est censée répondre. Dans certains cas, il peut être approprié de refuser une déduction au titre des intérêts bruts versés lors d'une transaction. Dans d'autres cas, il peut être plus approprié qu'une règle ne s'applique qu'à une partie d'un versement ou aux versements d'intérêts nets, après prise en compte des produits générés par la même transaction. Lorsqu'une transaction a pour conséquence d'accroître le niveau des charges d'intérêts nettes envers des tierces parties dans le cadre d'une règle fondée sur un ratio de groupe, une règle peut avoir simplement pour effet de ne pas tenir compte de cette augmentation, sans prévoir d'exclusion spécifique.

Règles ciblées visant à empêcher de se soustraire aux règles générales

171. Une approche de bonne pratique doit être capable de résister aux tentatives pour contourner la règle. Par conséquent, une règle fondée sur un ratio déterminé (et une règle fondée sur un ratio de groupe le cas échéant) devrait être étayée par des règles ciblées visant à contrer les stratégies de planification fiscale suivies par les groupes pour atténuer l'impact de ces règles. Pour y parvenir, il est recommandé que les pays mettent en place des règles ciblées capables de faire face aux risques suivants :

- Une entité qui enregistre des charges d'intérêts nettes conclut un accord visant à réduire les charges nettes d'intérêts soumises à la règle fondée sur un ratio déterminé (en convertissant des charges d'intérêts en une forme différente de dépenses déductibles, ou en convertissant d'autres bénéfices imposables en un rendement économiquement équivalent à des intérêts, par exemple).
- Une entité qui fait partie d'un groupe conclut un accord avec une partie liée ou avec une tierce partie en vue d'augmenter le niveau des charges d'intérêts nettes envers des tierces parties dans le cadre de la règle fondée sur un ratio de groupe (en effectuant un paiement à une partie liée ou à une tierce partie dans le cadre d'un accord structuré, ou en convertissant un bénéfice en une forme différente, par exemple).
- Une groupe est restructuré de manière à placer une holding non constituée en société au sommet de la structure et à créer deux groupes. Cette opération peut empêcher l'application d'une règle fondée sur un ratio fixe (dans un pays où la règle ne s'applique pas aux entités autonomes, par exemple) ou scinder le groupe d'origine en deux aux fins de la règle fondée sur un ratio de groupe.

172. Les risques ci-dessus peuvent être neutralisés au moyen de règles autonomes, de dispositions spécifiques prévues par la règle fondée sur un ratio déterminé et par la règle fondée sur un ratio de groupe, ou par d'autres règles fiscales (comme une règle générale anti-évasion). Ces règles doivent être applicables à toutes les entités qui sont couvertes par la règle fondée sur un ratio déterminé et par la règle fondée sur un ratio de groupe, le cas échéant. Les expressions « partie liée » et « accord structuré » sont définis ci-dessous.

Règles ciblées visant à traiter d'autres risques d'érosion de la base d'imposition et de transfert de bénéfices

173. La règle fondée sur un ratio déterminé et la règle fondée sur un ratio de groupe décrites dans ce rapport constituent une solution efficace pour lutter contre la plupart des pratiques d'érosion de la base d'imposition et de transfert de bénéfices qui font intervenir des intérêts et des paiements économiquement équivalents à des intérêts. Toutefois, comme le chapitre 3 l'explique, dans certaines situations, un pays peut restreindre l'application de la règle fondée sur un ratio déterminé et de la règle fondée sur un ratio de groupe aux entités appartenant à des groupes multinationaux. C'est pourquoi des règles ciblées peuvent être nécessaires pour neutraliser les risques d'érosion de la base d'imposition et de transfert de bénéfices posés par des entités qui ne sont pas couvertes par les règles générales de limitation des intérêts. Même lorsque la règle fondée sur un ratio déterminé et de la règle fondée sur un ratio de groupe s'appliquent, certains risques spécifiques subsistent. Il est donc recommandé que les pays envisagent d'introduire des règles visant à contrer les risques énumérés ci-dessous :

- Une entité qui réaliserait normalement des produits nets d'intérêts conclut un accord prévoyant le paiement d'intérêts à une entité du groupe située en dehors du pays ou à une partie liée dans le but de réduire le niveau des produits d'intérêts imposés dans le pays.
- Une entité paie des intérêts sur un « prêt artificiel » dans le cadre duquel l'entité ou son groupe ne lève pas de nouveaux fonds.
- Une entité paie des intérêts à une tierce partie dans le cadre d'un accord structuré, un accord réciproque par exemple.
- Une entité paie des intérêts à une partie liée dont le montant est excessif ou sert à financer la production d'un revenu exonéré d'impôt.
- Une entité paie des intérêts à une partie liée dont les produits correspondants sont soumis à une imposition faible ou nulle.

174. Dans l'idéal, les règles adoptées pour neutraliser ces risques devraient s'appliquer à toutes les entités, qu'elles soient ou non couvertes par la règle fondée sur un ratio déterminé et par la règle fondée sur un ratio de groupe. Toutefois, ces règles sont particulièrement importantes lorsqu'une entité n'est pas soumise à une règle fondée sur un ratio de groupe, comme l'explique le chapitre 6.

Définition des « parties liées » et des « accords structurés »

175. Un certain nombre de risques spécifiques énumérés ci-dessus se rapportent à des transactions ou à des paiements impliquant une partie liée ou une tierce partie dans le cadre d'un accord structuré.

Parties liées

176. Une entité qui appartient à un groupe peut aussi être liée à des personnes physiques ou à des entités qui ne font pas partie du groupe, mais avec lesquelles il existe une relation importante. Aux fins de ce rapport, deux personnes (personnes physiques et morales comprises) sont liées entre elles si elles ne font pas partie du même groupe mais qu'elles remplissent tout ou partie des conditions suivantes :

- la première personne détient un investissement qui lui confère le contrôle effectif de la deuxième personne, ou une troisième personne détient un investissement qui lui confère le contrôle effectif des deux autres personnes ;
- la première personne détient un investissement supérieur ou égal à 25 % dans la deuxième personne, ou une troisième personne détient un investissement supérieur ou égal à 25 % dans les deux autres ; ou
- elles peuvent être considérées comme des entreprises associées en vertu de l'article 9 du Modèle de convention fiscale concernant le revenu et la fortune.

177. Une personne sera considérée comme détenant un certain pourcentage d'investissement dans une autre personne si cette personne détient, directement ou indirectement par le biais d'un investissement dans d'autres personnes, un certain pourcentage des droits de vote de cette personne ou de la valeur de la participation de cette personne.

178. Dans le cadre des règles relatives aux parties liées, une personne qui agit en commun avec une autre personne au titre de la propriété ou du contrôle de droits de vote ou de participations sera considérée comme détenant ou contrôlant l'ensemble de ces droits de vote ou participations.

179. Deux personnes seront considérées comme agissant en commun au titre de la propriété ou du contrôle de droits de vote ou de participations si elles remplissent tout ou partie des conditions suivantes :

- elles sont membres de la même famille ;
- une personne agit régulièrement selon les souhaits de l'autre personne concernant la propriété ou le contrôle de ces droits ou participations ;
- elles ont conclu un dispositif qui a un impact significatif sur la valeur ou le contrôle de ces droits ou participations ;
- elles détiennent chacune, directement ou indirectement, une dette dans l'entité en proportion de leurs droits de vote ou de leurs participations ; ou
- la propriété ou le contrôle de ces droits de vote ou de ces participations sont gérés par la même personne ou par le même groupe de personnes. Dans le cas d'un contribuable qui est un organisme de placement collectif (OPC), si le gestionnaire de l'investissement peut prouver, à l'appréciation de l'administration fiscale, en se fondant sur les termes du mandat d'investissement et sur les circonstances dans lesquelles l'investissement a été effectué, que deux fonds n'ont pas agi en commun concernant l'investissement, alors les intérêts détenus par ces fonds ne doivent pas être agrégés aux fins de l'application du critère d'action commune visé dans ce paragraphe.

180. Dans le cadre de ce rapport, un OPC désigne tout organisme à actionnariat étendu, qui détient un portefeuille diversifié de titres et qui est soumis à une réglementation de protection des investisseurs dans le pays où il est établi. Il incombe aux pays de déterminer les catégories d'organismes couvertes par cette définition. Par exemple, un pays peut considérer que certains types d'OPC sont à actionnariat étendu si leurs actions ou unités de compte sont cotées auprès d'une bourse ou peuvent être facilement achetées ou vendues par le public (l'achat et la vente d'actions ou d'unités ne sont pas implicitement ou explicitement réservés à un groupe restreint d'investisseurs). Néanmoins, un pays peut appliquer un critère différent pour déterminer si un OPC est à actionnariat étendu

Accords structurés

181. Des règles ciblées peuvent aussi s'appliquer lorsqu'une entité procède à un paiement d'intérêts en faveur d'une tierce partie dans le cadre d'un accord structuré. Un accord structuré est un accord par lequel l'entité, son groupe et ses parties liées, considérés globalement, ne supportent pas la totalité du coût du paiement d'intérêts.

182. Un exemple d'accord structuré serait un accord « réciproque » en vertu duquel une entité paie des intérêts à une tierce partie alors que cette tierce partie procède également à un paiement en faveur de l'entité, d'un membre du groupe de l'entité ou d'une partie liée à l'entité. Ce deuxième paiement peut prendre une forme autre qu'un intérêt.

Chapitre 10

Application de l'approche de bonne pratique aux groupes appartenant aux secteurs de la banque et de l'assurance

183. L'élaboration d'une approche de bonne pratique destinée à combattre l'érosion de la base d'imposition et le transfert de bénéfices faisant intervenir des intérêts nécessite de prendre en compte un certain nombre de caractéristiques spécifiques des groupes appartenant aux secteurs de la banque et de l'assurance.

184. Les entreprises des secteurs de la banque et de l'assurance soulèvent des problèmes particuliers qui ne se posent pas dans d'autres secteurs. Banques et compagnies d'assurance détiennent des actifs et des passifs financiers au titre de leurs activités commerciales principales. En outre, dans la plupart des pays, les entreprises du secteur financier sont soumises à des règlementations strictes qui imposent des restrictions relatives à la structure de leur capital. En 2011, le dispositif de Bâle III a défini un ratio de levier financier destiné à limiter l'endettement dans le secteur bancaire de façon à atténuer les risques qui avaient dans le passé porté atteinte au système financier et à l'économie [1]. La directive Solvabilité II a introduit un système apparenté pour les sociétés d'assurance de l'Union européenne [2]. Il convient cependant de souligner que, si les groupes des secteurs de la banque et de l'assurance sont soumis à ces réglementations, toutes leurs entités ne sont pas soumises aux mêmes obligations et la situation des succursales vis-à-vis de la réglementation doit entrer en ligne de compte.

185. Malgré les restrictions imposées par les exigences réglementaires, plusieurs études concluent que le niveau d'endettement des banques est autant influencé par les impôts sur les sociétés que pour des groupes appartenant à d'autres secteurs. L'influence de l'impôt sur le recours à l'endettement est atténuée lorsqu'une banque manque de capitaux, mais en pratique de nombreux groupes conservent un coussin de fonds propres supérieur au minimum imposé par la réglementation (Heckemeyer et de Mooij, 2013 ; Keen et de Mooij, 2012).

186. Les pratiques d'érosion de la base d'imposition et de transfert de bénéfices par les groupes bancaires et d'assurance peuvent prendre de nombreuses formes, notamment : entités réglementées détenant une réserve en fonds propres réglementaires (y compris sous forme de dette) supérieure au niveau requis pour financer les activités existantes ; transfert des fonds propres réglementaires et de la dette ordinaire émise au sein d'un groupe à des entités intermédiaires situées dans des pays à faible fiscalité ; affectation de déductions d'intérêts excessives dans des succursales qui ne doivent pas être capitalisées séparément à des fins réglementaires, et dans des entités non réglementées ; utilisation de charges d'intérêts déductibles pour financer des actifs exonérés d'impôt ou taxés à un taux préférentiel ; et utilisation d'instruments financiers hybrides et d'entités hybrides.

187. En général, les banques et compagnies d'assurance conservent un volant de fonds propres réglementaires supérieur au minimum obligatoire, et le font poussées par des motifs commerciaux impératifs (liés à la note de crédit et au coût du capital, par exemple).

Conserver un volant de fonds propres supérieur au minimum prévu par la réglementation permet à un groupe de réagir à l'évolution de ses besoins en capitaux, mais cela ouvre aussi la voie à de possibles pratiques d'érosion de la base d'imposition et de transfert de bénéfices.

188. La règle fondée sur un ratio déterminé et la règle fondée sur un ratio de groupe décrites dans ce rapport ne semblent pas efficaces pour répondre à ces risques d'érosion de la base d'imposition et de transfert de bénéfices, pour diverses raisons. Les groupes bancaires et d'assurance sont d'importantes sources de financement par emprunt pour des groupes appartenant à d'autres secteurs et, à ce titre, ont souvent une position de prêteur net. Cela signifie que les principales sociétés d'exploitation au sein de ces groupes, et les groupes dans leur ensemble, enregistreront généralement des produits d'intérêts nets plutôt que des charges d'intérêts nettes. Étant donné que la règle fondée sur un ratio déterminé et la règle fondée sur un ratio de groupe visent à limiter le niveau des charges d'intérêts nettes d'une entité, ces règles seraient sans effet sur des entités importantes au sein de groupes bancaires et d'assurance. En outre, le fait que les produits d'intérêts constituent l'essentiel des revenus d'une banque ou d'une compagnie d'assurance signifie que l'EBITDA ne serait pas une mesure appropriée de l'activité économique d'un groupe appartenant à ces secteurs. Enfin, les états financiers de groupes bancaires et d'assurance diffèrent généralement de ceux de groupes appartenant à d'autres secteurs, ce qui pourrait se répercuter sur le fonctionnement d'une règle fondée sur un ratio de groupe. Par conséquent, les pays pourraient envisager d'exclure les entités faisant partie de groupes appartenant à ces secteurs du champ d'application des règles fondées sur un ratio déterminé et sur un ratio de groupe. Dans ce cas, ils devraient introduire des règles ciblées qui neutralisent les risques d'érosion de la base d'imposition et de transfert de bénéfices propres à ces secteurs (voir ci-dessous).

189. Toute exclusion ne devrait pas s'appliquer aux entreprises de gestion de trésorerie, aux compagnies d'assurance captives ou à d'autres entités non réglementées qui exercent des activités quasi-bancaires ou d'autres activités financières sans restriction réglementaire, ou à des organismes de placement réglementés ou non. Ces entités devraient rester assujetties aux règles prévues par l'approche de bonne pratique.

190. Des entités exerçant dans les secteurs de la banque et de l'assurance, ou des entités bancaires ou d'assurance réglementées au sein de groupes non financiers, ne devraient pas échapper à l'approche de bonne pratique qui cible les pratiques d'érosion de la base d'imposition et de transfert de bénéfices faisant intervenir des intérêts. Au contraire, pour lutter contre les pratiques d'érosion de la base d'imposition et de transfert de bénéfices des groupes tous secteurs confondus, il est impératif que l'approche de bonne pratique comporte des règles en mesure de répondre aux risques posés par différentes entités. Des travaux supplémentaires seront donc engagés et achevés en 2016 afin de définir des règles adaptées aux risques potentiels d'érosion de la base d'imposition et de transfert de bénéfices soulevés par les banques et les compagnies d'assurance, en tenant compte des caractéristiques particulières de ces secteurs. Ces travaux porteront notamment sur les activités bancaires et d'assurance réglementées menées au sein de groupes non financiers (comme les groupes actifs dans le secteur manufacturier ou du commerce de détail). Il est particulièrement important que les règles de limitation des intérêts recommandées ne contrarient ou ne limitent pas l'efficacité des exigences en matière de fonds propres destinées à réduire les risques de crise financière future. Lorsqu'un pays applique la règle fondée sur un ratio déterminé décrite dans ce rapport à des entités appartenant à des groupes bancaires et d'assurance, il devrait toujours appliquer les règles spécifiques destinées à neutraliser les risques d'érosion de la base d'imposition et de transfert de bénéfices posés par ces secteurs.

Bibliographie

Heckemeyer, J. et R. de Mooij (2013), « Taxes and Corporate Debt: Are Banks any Different? », *IMF Working Paper*, n° 13/221, Fonds monétaire international, Washington, DC.

Keen, M. et R. de Mooij (2012), « Debt, Taxes and Banks », *IMF Working Paper*, n° 12/48, Fonds monétaire international, Washington, DC.

Notes

1. Le troisième Accord de Bâle est un ensemble complet de réformes, adoptées par les membres du Comité de Bâle sur le contrôle bancaire, visant à renforcer la régulation, la surveillance et la gestion des risques du secteur bancaire (www.bis.org/bcbs/index.htm?m=3%7C14).

2. Directive 2009/138/CE du Parlement européen et du Conseil du 25 novembre 2009 sur l'accès aux activités de l'assurance et de la réassurance et leur exercice (Solvabilité II) [2009] JO L335/1.

Chapitre 11

Mise en œuvre de l'approche de bonne pratique

Mise en œuvre et coordination

191. Ce rapport formule des recommandations de bonne pratique visant à lutter contre les pratiques d'érosion de la base d'imposition et de transfert de bénéfices qui font intervenir des intérêts. Comme le chapitre 1 l'explique, un pays peut compléter cette approche par d'autres règles générales ou ciblées de limitation des intérêts, soit pour neutraliser les risques d'érosion de la base d'imposition et de transfert de bénéfices qu'elle supporte, soit pour atteindre des objectifs de plus large portée.

192. Des travaux supplémentaires seront entrepris sur des points particuliers, par exemple pour élaborer des orientations sur le fonctionnement détaillé de la règle fondée sur un ratio de groupe. Des travaux porteront également sur la conception de règles spéciales destinées à contrer les risques d'érosion de la base d'imposition et de transfert de bénéfices dans les secteurs de la banque et de l'assurance, en tenant compte des problématiques spécifiques que rencontrent les groupes actifs dans ces secteurs. Ces travaux seront achevés en 2016.

193. La conception et le contenu de l'approche de bonne pratique exposée dans ce rapport, y compris la fourchette de fixation d'un ratio de référence et l'exclusion facultative des intérêts finançant certains projets d'intérêt public, seront réexaminés par les pays participant au Projet BEPS fin 2020 au plus tard. Ce réexamen prendra en considération l'expérience des pays qui ont mis en place des règles conformes à la bonne pratique et leur impact sur le comportement des groupes. Il tiendra également compte des données supplémentaires éventuellement disponibles qui pourraient aider à évaluer l'efficacité de la fourchette convenue. À cette fin, les pays sont encouragés à réunir des données fiscales sur le niveau des charges nettes d'intérêts et de l'EBITDA d'entités et de groupes locaux sur leur territoire et, s'ils sont disponibles, de ceux de groupes multinationaux qui y exercent des activités. Au terme de ce réexamen, des éléments de la bonne pratique pourraient être révisés.

Règles transitoires

194. L'approche de bonne pratique décrite dans ce rapport doit permettre de contrer les risques d'érosion de la base d'imposition et de transfert de bénéfices qui font intervenir des intérêts. Il est néanmoins admis que toute règle visant à limiter les déductions d'impôt au titre des charges d'intérêts d'une entité peut entraîner d'importantes contraintes pour certaines entités. Aussi, un pays qui met en place une règle fondée sur un ratio déterminé et une règle fondée sur un ratio de groupe devrait laisser aux entités un laps de temps suffisant pour restructurer les accords de financement existants avant l'entrée en vigueur des règles.

195. Un pays peut aussi appliquer des règles transitoires qui excluent les intérêts sur certains prêts existants du champ d'application des règles, soit pour une période déterminée, soit indéfiniment. Dans ce cas, il est recommandé que ces règles transitoires soient essentiellement limitées aux intérêts au titre de prêts souscrits auprès de tierces parties avant que ces règles soient annoncées. Les intérêts sur les prêts souscrits après l'annonce des nouvelles règles ne devraient pas bénéficier de règles transitoires. Un pays peut aussi choisir de n'appliquer aucune règle transitoire.

Systèmes d'imposition séparée des entités et d'imposition sur une base consolidée

196. Les régimes de l'impôt sur les sociétés actuellement en vigueur s'appuient soit sur un système d'imposition séparée des entités, soit sur un système d'imposition sur une base consolidée. L'approche de bonne pratique décrite dans ce rapport doit être compatible avec ces deux systèmes, même s'il peut être nécessaire, dans certains cas, de moduler des dispositions spécifiques prévues par cette approche.

Pays qui appliquent des systèmes d'imposition séparée des entités

197. Lorsqu'un pays taxe séparément chaque entité d'un groupe, la règle fondée sur un ratio déterminé et la règle fondée sur un ratio de groupe peuvent s'appliquer selon l'une des trois modalités suivantes, à l'appréciation du pays :

- Ces règles peuvent être appliquées séparément à chacune des entités sur la base de son EBITDA.
- Le pays peut considérer que les entités qui font partie d'un groupe fiscal constituent une seule et même entité aux fins de l'application de ces règles. Par exemple, le ratio de référence serait appliqué à l'EBITDA fiscal total du groupe fiscal. Les capacités de déduire des intérêts seraient alors réparties au sein du groupe fiscal conformément aux règles établies par le pays, qui peuvent autoriser un groupe à répartir ces capacités de déduction des intérêts entre différentes entités. Pour empêcher les abus, les transactions au sein du groupe fiscal qui ne se compensent pas pourraient être supprimées de « l'EBITDA par entité » du groupe. Avec cette option, les entités qui font partie du même groupe comptable mais pas du même groupe fiscal continueraient d'être traitées comme des entités séparées et appliqueraient la règle fondée sur un ratio déterminé et la règle fondée sur un ratio de groupe de façon indépendante.
- Le pays peut considérer que toutes les entités situées sur son territoire qui font partie du même groupe comptable constituent une seule et même entité aux fins de l'application de ces règles. Les transactions au sein du groupe comptable qui ne se compensent pas pourraient être supprimées de « l'EBITDA par entité » pour empêcher les abus. Cette option peut être particulièrement intéressante pour un pays doté d'une règle fondée sur un ratio de groupe qui s'applique aux entités membres d'un groupe comptable. Néanmoins, elle pourrait avoir pour effet d'autoriser le transfert d'une capacité à déduire des intérêts entre entités qui n'appartiennent pas au même groupe fiscal, de sorte que le pays devrait anticiper les problèmes susceptibles d'en résulter (incompatibilité avec les règles existantes en matière de transmission de pertes, de contribution aux bénéfices ou autres). Il faudrait aussi examiner le fonctionnement d'autres dispositions telles que les reports en avant et en arrière, et déterminer par exemple si une entité devrait être en mesure de bénéficier d'une capacité reportée d'une période antérieure à son appartenance au groupe comptable.

Pays qui appliquent des systèmes d'imposition sur une base consolidée

198. Lorsqu'un pays taxe des entités sur une base consolidée (à l'échelle d'un groupe), la règle fondée sur un ratio déterminé et la règle fondée sur un ratio de groupe peuvent s'appliquer selon l'une des méthodes suivantes, à l'appréciation du pays :

- Le pays peut considérer que les entités qui font partie du groupe fiscal consolidé constituent une seule et même entité aux fins de l'application de ces règles. Par exemple, le ratio de référence serait appliqué à l'EBITDA fiscal total du groupe fiscal consolidé, et les capacités de déduire des intérêts seraient appliquées pour calculer les déductions d'intérêts nettes autorisées pour le groupe fiscal consolidé dans son ensemble. Avec cette option, les entités qui font partie du même groupe comptable mais pas du même groupe fiscal consolidé continueraient d'être traitées comme des entités séparées et appliqueraient la règle fondée sur un ratio déterminé et la règle fondée sur un ratio de groupe indépendamment.
- Le pays peut considérer que toutes les entités situées sur son territoire qui font partie du même groupe comptable constituent une seule et même entité aux fins de l'application de ces règles. Les transactions au sein du groupe comptable qui ne se compensent pas pourraient être supprimées de « l'EBITDA par entité » pour empêcher les abus. Cette option peut être particulièrement intéressante pour un pays doté d'une règle fondée sur un ratio de groupe qui s'applique aux entités membres d'un groupe comptable. Néanmoins, elle pourrait avoir pour effet d'autoriser le transfert d'une capacité à déduire des intérêts entre un groupe fiscal consolidé et une entité située en dehors de ce groupe, de sorte que le pays devrait anticiper les problèmes susceptibles d'en résulter. Il faudrait aussi examiner le fonctionnement d'autres dispositions telles que les reports en avant et en arrière, et déterminer par exemple si une entité devrait être en mesure de bénéficier d'une capacité reportée d'une période antérieure à son appartenance au groupe comptable.

Interaction de l'approche de bonne pratique avec les règles relatives aux asymétries hybrides visées par l'Action 2

199. Lorsqu'un pays a mis en place une règle fondée sur un ratio déterminé, le risque potentiel d'érosion de la base d'imposition et de transfert de bénéfices posé par des dispositifs hybrides est atténué, car le niveau global des déductions nettes d'intérêts qu'une entité peut demander est réduit. Toutefois, ce risque n'est pas totalement éliminé. Dans les limites imposées par une règle fondée sur un ratio déterminé, une entité peut toujours demander des déductions de charges d'intérêts dans des circonstances où un instrument financier hybride ou une entité hybride sont utilisés pour générer une double déduction ou une déduction/absence d'inclusion. Lorsqu'une règle fondée sur un ratio de groupe s'applique, il y a également un risque que des dispositifs hybrides soient utilisés pour accroître les charges nettes d'intérêts du groupe envers des tierces parties, augmentant le niveau des déductions nettes d'intérêts dans l'ensemble du groupe. Pour neutraliser ces risques, un pays devrait mettre en œuvre toutes les recommandations formulées au titre de l'Action 2, parallèlement à l'approche de bonne pratique décrite dans ce rapport.

200. Les règles qui ciblent les dispositifs hybrides devraient être appliquées par une entité avant la règle fondée sur un ratio déterminé et la règle fondée sur un ratio de groupe afin de déterminer les charges nettes d'intérêts totales de l'entité. Une fois ce chiffre calculé, la règle fondée sur un ratio déterminé et la règle fondée sur un ratio de groupe devraient être

appliquées pour déterminer si le montant total est admis en déduction, ou pour déterminer le montant des charges d'intérêts nettes non déductibles.

201. Le Rapport de l'OCDE intitulé *Neutraliser les effets des dispositifs hybrides* (OCDE, 2014) indique que les règles qui autorisent les contribuables à se prévaloir d'une déduction fiscale au titre des capitaux propres et les règles ayant un effet analogue ne sont pas couvertes par l'Action 2, mais devraient être examinées plus en détail, soit séparément, soit dans le contexte de l'Action 4. Comme le chapitre 2 l'indique, les déductions calculées en appliquant un pourcentage spécifique aux fonds propres d'une entité ne sont pas considérées comme des intérêts ou comme des paiements économiquement équivalents à des intérêts aux fins de ce rapport. Toutefois, ces règles devraient être examinées de plus près dans le cadre de travaux distincts menés par l'OCDE.

Interaction de l'approche de bonne pratique avec les règles relatives aux sociétés étrangères contrôlées visées par l'Action 3

202. La règle fondée sur un ratio déterminé et la règle fondée sur un ratio de groupe doivent neutraliser les pratiques d'érosion de la base d'imposition et de transfert de bénéfices qui font intervenir des déductions excessives d'intérêts et des intérêts utilisés pour financer la production d'un revenu exonéré d'impôt. Un pays peut également adopter des règles relatives aux sociétés étrangères contrôlées (SEC) conformes aux recommandations formulées au titre de l'Action 3 (*Concevoir des règles efficaces concernant les sociétés étrangères contrôlées* (OCDE, 2015)) afin de traiter les situations dans lesquelles une entité procède à un paiement qui est déductible selon la règle fondée sur un ratio déterminé et la règle fondée sur un ratio de groupe, mais ce paiement est effectué en faveur d'une SEC qui bénéficie d'un taux d'imposition faible.

203. Lorsqu'un pays applique des règles relatives aux SEC parallèlement à des règles de limitation des intérêts, le revenu de la SEC qui est imposé à la charge de la société mère peut être inclus dans le calcul de l'EBITDA de la société mère lorsqu'on applique la règle fondée sur un ratio déterminé et la règle fondée sur un ratio de groupe. Si ce revenu de la SEC inclut des produits ou des charges d'intérêts, le pays devrait envisager d'inclure les intérêts dans le calcul des charges nettes d'intérêts de la société mère et de les exclure du calcul de l'EBITDA de la société mère.

204. L'approche de bonne pratique décrite dans ce rapport devrait également alléger la pression qui pèse sur les règles d'un pays relatives aux SEC, en encourageant les groupes à répartir les charges nettes d'intérêts entre leurs diverses entités afin de resserrer le lien avec l'activité économique imposable. Cela devrait réduire le niveau des produits nets d'intérêts générés dans les SEC, car les groupes seront enclins à abaisser le niveau des paiements d'intérêts intragroupes et à mieux aligner les charges nettes d'intérêts et l'EBITDA à l'échelle du groupe.

Interaction de l'approche de bonne pratique avec d'autres règles visant à limiter les déductions d'intérêts

205. Comme ce rapport l'explique, un pays peut appliquer la règle fondée sur un ratio déterminé et la règle fondée sur un ratio de groupe, complétées par d'autres règles ciblées destinées à combattre des risques spécifiques d'érosion de la base d'imposition et de transfert de bénéfices, y compris les risques examinés au chapitre 9, ainsi que d'autres risques identifiés par le pays. Un pays peut aussi appliquer d'autres règles générales de limitation des

intérêts, comme les règles fondées sur le principe de pleine concurrence, les règles destinées à exclure un certain pourcentage de toutes les charges d'intérêts et les règles relatives à la sous-capitalisation.

206. Le plus souvent, ces règles ciblées et générales de limitation des intérêts devraient être appliquées avant la règle fondée sur un ratio déterminé et la règle fondée sur un ratio de groupe. Néanmoins, la décision finale concernant l'ordre d'application des règles de limitation des intérêts incombe aux pays, compte tenu de la conception de leurs règles et des risques auxquels elles entendent répondre.

Interaction de l'approche de bonne pratique avec les retenues à la source

207. Les retenues à la source sur les intérêts ont généralement pour but d'attribuer les droits d'imposition d'un revenu au pays de la source, même s'il est admis qu'elles peuvent avoir pour effet de réduire l'attrait pour les groupes des pratiques d'érosion de la base d'imposition et de transfert de bénéfices faisant intervenir des intérêts. Lorsqu'un pays prélève une retenue à la source sur les paiements d'intérêts, cette faculté ne devrait en aucune façon être entravée par l'application de la règle fondée sur un ratio déterminé, de la règle fondée sur un ratio de groupe ou des règles ciblées décrites dans ce rapport. Lorsque l'approche de bonne pratique limite les déductions nettes d'intérêts d'une entité, conduisant à une exclusion d'une fraction des charges d'intérêts, celle-ci ne devrait pas être recaractérisée à une autre fin. Aussi, dans la mesure où un paiement serait assujetti à une retenue à la source selon le droit fiscal d'un pays, cette retenue continuerait de s'appliquer. Lorsqu'un pays a pour pratique de recaractériser une exclusion d'intérêts, par exemple en tant que dividende, il pourrait continuer d'appliquer ce traitement, mais il ne ferait pas partie de l'approche de bonne pratique préconisée dans ce rapport.

208. Lorsqu'une entité perçoit des intérêts nets de retenues à la source et que le pays du bénéficiaire autorise un crédit au titre de cet impôt, l'entité sera généralement assujettie à l'impôt sur un montant brut de produits d'intérêts qui inclut un montant correspondant à l'impôt prélevé. L'approche de bonne pratique ne modifie en rien ce traitement. Aussi, lorsqu'une entité est actuellement en mesure de demander un crédit au titre de retenues à la source sur des produits d'intérêts, cette faculté doit être conservée après l'introduction de la règle fondée sur un ratio déterminé et de la règle fondée sur un ratio de groupe.

Bibliographie

OCDE (2014), *Neutraliser les effets des dispositifs hybrides*, Projet OCDE/G20 concernant l'érosion de la base d'imposition et le transfert de bénéfices, Éditions OCDE, paragraphe 45. http://dx.doi.org/10.1787/9789264218819-en.

OCDE (2015), *Concevoir des règles efficaces concernant les sociétés étrangères contrôlées, Action 3 – Rapport final 2015*, Projet OCDE/G20 concernant l'érosion de la base d'imposition et le transfert de bénéfices, Éditions OCDE, Paris. http://dx.doi.org/10.1787/9789264248489-fr.

Annexe A

Questions de droit communautaire

209. Cette annexe décrit succinctement les questions de droit communautaire que les États membres de l'UE devraient prendre en compte lors de la mise en œuvre de l'approche de bonne pratique décrite dans ce rapport.

Libertés fondamentales inscrites dans les traités européens

210. Les libertés inscrites dans les traités européens qui doivent être prises en compte dans le contexte des règles sur le plafonnement des charges d'intérêts sont la liberté d'établissement et la libre circulation des capitaux. La liberté d'établissement s'applique aux situations où l'actionnaire serait en mesure d'exercer une influence certaine sur l'entité[1], tandis que le principe de la libre circulation des capitaux s'applique aux situations où l'actionnaire a acquis des actions dans le seul but de réaliser un placement financier sans participer au processus de prise de décisions de l'entité. En outre, la libre prestation de services, qui doit également être analysée sous l'angle du prestataire comme du bénéficiaire des services, peut aussi devoir être examinée.

211. Le champ d'application d'une règle de plafonnement des charges d'intérêts déductibles détermine laquelle de ces libertés est concernée, et il existe de nombreuses stratégies pour éviter toute restriction aux libertés inscrites dans les traités européens que les pays associés à ces travaux ont examinées. À cet égard, il conviendrait de porter attention aux circonstances dans lesquelles les États membres de l'UE pourraient justifier une restriction aux libertés inscrites dans les traités européens, notamment :

- la nécessité d'une répartition équilibrée du pouvoir d'imposition entre les États membres ; ou
- la nécessité de prévenir la fraude fiscale et de combattre les montages purement artificiels.

Directives communautaires

212. Il existe deux directives communautaires ayant trait aux règles de déductibilité des paiements d'intérêts applicables au sein de l'Union européenne : la Directive concernant le régime fiscal commun applicable aux sociétés mères et filiales d'États membres différents[2] et la Directive concernant un régime fiscal commun applicable aux paiements d'intérêts et de redevances[3]. La première a pour objectif d'exonérer de retenue à la source les dividendes distribués par des filiales à leur société mère et aussi d'éliminer la double imposition de ces revenus au niveau de la société mère. La directive peut s'appliquer à des situations où des intérêts excessifs sont requalifiés en dividendes, auquel cas, les intérêts requalifiés devaient bénéficier des avantages prévus par la Directive concernant les sociétés mères et filiales.

213. La Directive sur le paiement d'intérêts et de redevances prévoit que les paiements d'intérêts et de redevances échus dans un État membre de l'UE sont exonérés de toute imposition, retenue à la source ou recouvrée par voie de rôle, dans cet État d'origine. On pourrait envisager de prohiber la déduction d'intérêts excessifs lorsque l'imposition des intérêts entre dans le champ d'application de la directive. Cependant, la Cour de Justice de l'Union européenne a précisé que la directive concerne uniquement la situation fiscale du créancier des intérêts[4]. Il en découle, semble-t-il, que la déductibilité des charges d'intérêts au niveau de l'entité débitrice peut donc faire l'objet de restrictions.

Aides accordées par les États de l'UE

214. Des difficultés concernant les aides accordées par les États de l'UE peuvent surgir si les règles de déductibilité des intérêts comportent des exceptions pour certaines entités ou certains secteurs d'activité. Selon les dispositions du Traité, « dans la mesure où elles affectent les échanges entre États membres, les aides accordées par les États ou au moyen de ressources d'État sous quelque forme que ce soit qui faussent ou qui menacent de fausser la concurrence en favorisant certaines entreprises ou certaines productions » sont incompatibles avec le Traité[5].

215. La Commission européenne a tracé des orientations sur l'application des règles relatives aux aides d'État aux mesures relevant de la fiscalité directe des entreprises[6]. Selon ces orientations, l'octroi, sans justification, d'une exception à une règle fiscale spécifique est considérée comme une aide d'État. Néanmoins, le Traité sur le fonctionnement de l'Union européenne offre aux États membres de l'UE la possibilité de prévoir des dérogations aux dispositions relatives aux aides d'État, par exemple des catégories d'aides accordées par les États pouvant être considérées comme compatibles avec les dispositions du Traité[7].

Notes

1. Jusqu'à présent, la Cour de Justice de l'Union européenne n'a pas fait la lumière sur ce que l'on entend par « influence certaine ». Dans l'affaire *Beker* (C-168/11), la Cour a indiqué qu'une participation inférieure à 10 % ne confère pas la possibilité d'exercer une influence certaine, et dans les affaires *Itelcar* (C-282/12) et Kronos (C-47/12), la Cour a considéré qu'une participation d'au moins 10 % n'implique pas nécessairement que le titulaire de cette participation exerce une influence certaine sur les décisions de la société. À cet égard, il convient de prêter également attention aux références à d'autres affaires mentionnées dans ces arrêts.

2. Directive du Conseil 2003/123/CE du 22 décembre 2003 modifiant la Directive 90/435/CEE concernant le régime fiscal commun applicable aux sociétés mères et filiales d'États membres différents [2003] Journal officiel n° L007/41.

3. Directive du Conseil 2003/49/CE du 3 juin 2003 concernant un régime fiscal commun applicable aux paiements d'intérêts et de redevances effectués entre des sociétés associées d'États membres différents [2003] Journal officiel n° L157/49.

4. *Scheuten Solar Technology* (C-397/09).

5. Art 107 du Traité sur le fonctionnement de l'Union européenne.

6. Communication de la Commission sur l'application des règles relatives aux aides d'État aux mesures relevant de la fiscalité directe des entreprises [1998] Journal officiel n° C384/3.

7. Art 107(3)(e) du Traité sur le fonctionnement de l'Union européenne.

Annexe B

Données relatives aux entreprises affectées par un ratio de référence fixé à différents niveaux

Tableau B.1. **Statistiques d'entreprises multinationales et non multinationales, hors entreprises affichant un EBITDA négatif, 2009-13**

Pourcentage d'entreprises affectées par une limitation de la déductibilité des intérêts

Pourcentage de limitation de la déductibilité des charges nettes d'intérêts par rapport à l'EBITDA	2009		2010		2011		2012		2013	
	Non-multinationales	Multinationales	Non-multinationales	Multinationales	Non-multinationales	Multinationales	Non-multinationales	Multinationales	Non-multinationales	Multinationales
5 %	59 %	56 %	57 %	51 %	57 %	52 %	57 %	54 %	56 %	53 %
10 %	47 %	41 %	44 %	35 %	44 %	37 %	45 %	39 %	43 %	38 %
15 %	37 %	30 %	34 %	25 %	35 %	27 %	36 %	29 %	34 %	29 %
20 %	29 %	23 %	27 %	19 %	28 %	20 %	29 %	23 %	28 %	23 %
25 %	24 %	18 %	22 %	14 %	23 %	16 %	25 %	18 %	22 %	18 %
30 %	20 %	14 %	17 %	11 %	19 %	13 %	20 %	15 %	19 %	14 %
35 %	16 %	12 %	14 %	9 %	16 %	11 %	17 %	12 %	16 %	12 %
40 %	13 %	9 %	12 %	7 %	13 %	9 %	14 %	11 %	13 %	10 %
45 %	11 %	8 %	9 %	6 %	11 %	7 %	12 %	9 %	11 %	8 %
50 %	9 %	7 %	8 %	5 %	9 %	6 %	11 %	8 %	10 %	7 %
55 %	8 %	6 %	7 %	4 %	8 %	5 %	9 %	7 %	9 %	6 %
60 %	7 %	5 %	6 %	4 %	7 %	4 %	8 %	6 %	7 %	6 %
65 %	6 %	5 %	5 %	3 %	6 %	4 %	7 %	5 %	7 %	5 %
70 %	6 %	4 %	5 %	3 %	5 %	4 %	6 %	5 %	6 %	5 %
75 %	5 %	4 %	4 %	3 %	5 %	3 %	5 %	5 %	6 %	4 %
80 %	5 %	3 %	4 %	2 %	5 %	3 %	5 %	4 %	5 %	4 %
85 %	4 %	3 %	4 %	2 %	4 %	3 %	5 %	4 %	5 %	4 %
90 %	4 %	3 %	3 %	2 %	4 %	3 %	4 %	3 %	5 %	3 %
95 %	4 %	3 %	3 %	2 %	3 %	2 %	4 %	3 %	4 %	3 %
100 %	3 %	3 %	3 %	2 %	3 %	2 %	4 %	3 %	4 %	3 %
Observations	**6,472**	**10,911**	**6,675**	**11,372**	**6,631**	**11,165**	**6,547**	**11,015**	**6,523**	**10,908**

Source : calculs de PwC basés sur des chiffres tirés d'états financiers consolidés issus de la base de données GlobalVantage de Standard & Poor's.

Tableau B.2. Statistiques d'entreprises multinationales et non multinationales, hors entreprises affichant un EBITDA négatif, moyenne pour 2009-13

Pourcentage d'entreprises affectées par une limitation de la déductibilité des intérêts

Pourcentage de limitation de la déductibilité des charges nettes d'intérêts par rapport à l'EBITDA	Moyenne 2009-13	
	Non multinationales	Multinationales
5%	57%	53%
10%	45%	38%
15%	35%	28%
20%	28%	22%
25%	23%	17%
30%	19%	13%
35%	16%	11%
40%	13%	9%
45%	11%	8%
50%	9%	7%
55%	8%	6%
60%	7%	5%
65%	6%	4%
70%	6%	4%
75%	5%	4%
80%	5%	3%
85%	4%	3%
90%	4%	3%
95%	4%	3%
100%	3%	3%

Source : calculs du Secrétariat de l'OCDE basés sur les données contenues dans le tableau B.1.

Tableau B.3. Statistiques d'entreprises multinationales et non multinationales, hors entreprises affichant un EBITDA négatif, moyenne pour 2009-13

Pourcentage d'entreprises qui seraient en principe en mesure de déduire un montant équivalent à leurs charges nettes d'intérêts envers des tierces parties

Pourcentage de limitation de la déductibilité des charges nettes d'intérêts par rapport à l'EBITDA	Moyenne 2009-13	
	Non multinationales	Multinationales
5%	43%	47%
10%	55%	62%
15%	65%	72%
20%	72%	78%
25%	77%	83%
30%	81%	87%
35%	84%	89%
40%	87%	91%
45%	89%	92%
50%	91%	93%
55%	92%	94%
60%	93%	95%
65%	94%	96%
70%	94%	96%
75%	95%	96%
80%	95%	97%
85%	96%	97%
90%	96%	97%
95%	96%	97%
100%	97%	97%

Source : calculs du Secrétariat de l'OCDE basés sur les données contenues dans le tableau B.1.

Le tableau B.2 comprend les entreprises affectées par un ratio déterminé. Le tableau B.3 comprend les entreprises qui ne sont en principe pas affectées. Additionnés, les chiffres de ces tableaux pour un ratio en particulier devraient totaliser 100%.

Le tableau B.3 suppose que les charges nettes d'intérêts sont réparties dans le groupe en fonction de l'EBITDA. En pratique, des obstacles peuvent empêcher un groupe de le faire.

Tableau B.4. **Statistiques des entreprises multinationales faiblement capitalisées et fortement capitalisées, hors entreprises affichant un EBITDA négatif, 2009-13**

Pourcentage d'entreprises multinationales affectées par une limitation de la déductibilité des intérêts

Pourcentage de limitation de la déductibilité des charges nettes d'intérêts par rapport à l'EBITDA	2009		2010		2011		2012		2013	
	Faible capitalisation	Forte capitalisation	Faible capitalisation	Forte capitalisation	Faible capitalisation	Forte capitalisation	Faible capitalisation	Forte capitalisation	Faible capitalisation	Forte capitalisation
5%	57%	56%	51%	51%	52%	48%	54%	53%	53%	54%
10%	42%	35%	36%	27%	37%	27%	40%	27%	39%	28%
15%	32%	20%	26%	15%	28%	15%	30%	16%	30%	17%
20%	24%	13%	20%	9%	21%	8%	24%	10%	24%	10%
25%	19%	8%	15%	5%	17%	5%	19%	6%	19%	7%
30%	15%	6%	12%	3%	14%	3%	16%	4%	15%	4%
35%	12%	4%	10%	2%	11%	2%	13%	2%	12%	3%
40%	10%	3%	8%	2%	9%	1%	11%	2%	10%	2%
45%	9%	3%	6%	1%	8%	1%	10%	1%	9%	1%
50%	7%	2%	5%	1%	7%	1%	8%	1%	8%	1%
55%	6%	2%	5%	0%	6%	0%	7%	1%	7%	1%
60%	6%	1%	4%	0%	5%	0%	6%	1%	6%	1%
65%	5%	1%	3%	0%	4%	0%	6%	1%	6%	1%
70%	4%	1%	3%	0%	4%	0%	5%	1%	5%	0%
75%	4%	1%	3%	0%	4%	0%	5%	0%	5%	0%
80%	4%	1%	3%	0%	3%	0%	4%	0%	4%	0%
85%	4%	0%	2%	0%	3%	0%	4%	0%	4%	0%
90%	3%	0%	2%	0%	3%	0%	4%	0%	4%	0%
95%	3%	0%	2%	0%	3%	0%	4%	0%	3%	0%
100%	3%	0%	2%	0%	3%	0%	3%	0%	3%	0%
Observations	**8,745**	**872**	**9,453**	**1,018**	**9,765**	**949**	**9,794**	**1,050**	**9,635**	**1,157**

Source : calculs de PwC basés sur des chiffres tirés d'états financiers consolidés issus de la base de données GlobalVantage de Standard & Poor's.

Annexe C

La clause de sauvegarde

216. La clause de sauvegarde est actuellement appliquée par un certain nombre de pays, dont l'Allemagne et la Finlande. La description qui en est faite est basée sur la clause employée en Allemagne.

217. Avec cette approche, la règle fondée sur un ratio déterminé ne s'applique pas aux entités qui font partie d'un groupe si l'entité peut démontrer que son ratio fonds propres/ total des actifs est supérieur ou égal (avec une marge de tolérance de deux points de pourcentage) au ratio de groupe équivalent. Lorsque le ratio de l'entité est inférieur à celui du groupe, l'entité reste soumise à la règle fondée sur un ratio déterminé. Avec cette approche, une entité qui est plus fortement endettée que son groupe ne peut pas déduire des charges d'intérêts à concurrence du ratio de groupe.

218. Aux fins de cette règle, un groupe existe si une entité peut être consolidée avec d'autres entités en application des IFRS, ou si les décisions économiques ou financières de l'entité peuvent être contrôlées avec celles d'autres entités. Un groupe existe également si des entités sont détenues ou contrôlées par une personne physique ou par une entité non constituée en société.

219. La clause de sauvegarde doit être basée sur les états financiers consolidés vérifiés d'un groupe, établis conformément aux IFRS. Toutefois, les états financiers vérifiés préparés conformément au droit commercial d'un État membre de l'UE ou aux GAAP des États-Unis peuvent être utilisés en l'absence d'états financiers établis selon les IFRS. L'obligation d'établir des états financiers consolidés vérifiés s'applique même si le groupe comprend des entités placées sous le contrôle d'une personne physique ou d'une entité non constituée en société.

220. Les états financiers de l'entité doivent être préparés en suivant les mêmes règles comptables que les états financiers consolidés. À défaut, les états financiers de l'entité doivent être harmonisés avec les normes comptables employées par le groupe, puis vérifiés par un expert-comptable. Pour déterminer le ratio de solvabilité de l'entité, l'ensemble des actifs et des passifs doivent être valorisés en suivant la même méthode que pour les états financiers consolidés.

221. Par conséquent, les fonds propres d'une entité doivent aussi être ajustés s'agissant des postes suivants :

- ajouter la survaleur figurant dans les états financiers consolidés dans la mesure où elle est attribuable aux activités commerciales
- ajuster la valorisation des actifs et des dettes (sur la base des montants indiqués dans les états financiers consolidés)
- déduire les actions sans droits de vote (à l'exception des actions privilégiées)
- déduire les investissements en fonds propres effectués dans d'autres entités du groupe.

222. Le total des actifs d'une entité est ajusté s'agissant des postes suivants :

- ajouter la survaleur figurant dans les états financiers consolidés dans la mesure où elle est attribuable aux activités commerciales
- ajuster la valorisation des actifs et des dettes (sur la base des montants indiqués dans les états financiers consolidés)
- déduire les investissements en fonds propres effectués dans d'autres entités du groupe
- déduire les créances qui ne sont pas incluses dans les états financiers consolidés mais qui s'accompagnent d'engagements d'un montant au moins égal.

223. Les règles anti-abus en Allemagne imposent d'ajuster les fonds propres et le total des actifs d'une entité afin de déduire les contributions effectuées au cours des six mois qui ont précédé la date du bilan, dans la mesure où elles s'accompagnent de retraits ou de versements opérés au cours des six premiers mois qui suivent la date du bilan.

224. Même si les critères de la clause de sauvegarde sont réunis, une entité qui fait partie d'un groupe reste soumise à la règle fondée sur un ratio déterminé sauf si elle peut prouver que les paiements d'intérêts au titre d'emprunts auprès de parties liées octroyés par des actionnaires extérieurs au groupe ne dépassent pas 10 % du total des charges nettes d'intérêts du groupe. Un emprunt est un emprunt auprès d'une partie liée s'il est octroyé par *(i)* un actionnaire détenant 25 % du capital (participations directes et indirectes comprises), *(ii)* une entité liée à un actionnaire, ou *(iii)* une entité lorsqu'il y a recours à un actionnaire détenant 25 % du capital.

Annexe D

Exemples

Exemple 1 – Règle de sous-capitalisation basée sur un ratio d'endettement déterminé

225. Un groupe possède une structure simple constituée de deux entreprises, la société mère et la filiale. La filiale est résidente d'un pays qui applique une règle de sous-capitalisation basée sur un ratio dettes/fonds propres de 1.5/1. L'année 1, le total des prêts de la filiale à la société mère atteint 750 millions USD et les fonds propres totalisent 375 millions USD[1]. Au titre de la dette intragroupe, la filiale paie des intérêts au taux de 2 %, soit 15 millions USD. Étant donné que le ratio dettes/fonds propres de la filiale de 2/1 dépasse le ratio de référence de 1.5/1, la filiale ne peut pas déduire une fraction de ses charges d'intérêts qui se chiffre à 3.75 millions USD. La filiale totalise donc des déductions d'intérêts de 11.25 millions USD.

226. Pour éviter que cette exclusion d'intérêts se reproduise, l'année 2, la filiale émet des actions supplémentaires de 125 millions USD acquises par sa société mère. La filiale se sert de cet apport pour prêter une somme de 125 millions USD à la société mère. Le prêt à court terme est assorti d'un taux d'intérêt de 1 % et la filiale perçoit des produits d'intérêts de 1.25 million USD. Le ratio dettes/fonds propres de la filiale est désormais conforme au ratio de référence de 1.5/1 et la filiale peut donc déduire la totalité de ses charges d'intérêts. Ses déductions nettes d'intérêts totalisent désormais 13.75 millions USD.

227. L'année 3, la filiale émet 100 millions USD d'actions supplémentaires selon le même schéma et prête 150 millions USD à la société mère. Ce nouveau prêt, à moyenne échéance, est rémunéré à 2 %. La filiale octroie un nouveau prêt à court terme de 250 millions USD à la société mère, au taux de 1 %. Le ratio d'endettement de la filiale est conforme au ratio de référence et la filiale peut déduire la totalité de ses charges d'intérêts. Ses déductions nettes d'intérêts totalisent désormais 14.25 millions USD.

228. Enfin, l'année 4, la filiale restructure 450 millions USD de sa dette en un prêt subordonné à longue échéance, assorti d'un taux d'intérêt de pleine concurrence de 5 %. Le ratio d'endettement de la filiale est conforme au ratio de référence et la filiale peut déduire la totalité de ses charges d'intérêts. Ses déductions nettes d'intérêts totalisent désormais 27.75 millions USD.

229. Entre l'année 1 et l'année 4, les déductions nettes d'intérêts de la filiale se sont accrues de 11.25 millions à 27.75 millions USD, sans augmentation parallèle de son activité économique. Entre l'année 2 et l'année 4, la filiale s'est pleinement conformée à la règle de sous-capitalisation basée sur un ratio d'endettement déterminé.

230. Toutefois, ce type de dispositif peut enfreindre la règle générale anti-évasion d'un pays.

Exemple 2 : Association de l'approche de bonne pratique avec d'autres règles de limitation des intérêts

231. Comme le chapitre 1 l'explique, un pays peut appliquer d'autres règles de limitation des intérêts en plus de celles recommandées dans ce rapport, soit pour neutraliser des risques spécifiques d'érosion de la base d'imposition et de transfert de bénéfices, soit pour atteindre d'autres objectifs de politique fiscale. Ce n'est qu'un exemple de la façon dont un pays peut appliquer l'approche de bonne pratique parallèlement à d'autres règles, mais les pays peuvent suivre une autre approche.

232. Dans cet exemple, le pays X décide qu'une approche globale de la limitation des charges d'intérêts d'une entité doit englober quatre volets. Les trois premiers volets visent à lutter contre l'érosion de la base d'imposition et le transfert de bénéfices faisant intervenir des intérêts. Le quatrième s'attache à atteindre des objectifs de politique fiscale de plus vaste portée :

1. Une règle fondée sur un ratio déterminé, qui limite les déductions nettes d'intérêts d'une entité à 20 % de son EBITDA. Cette règle s'applique à toutes les entités qui font partie d'un groupe multinational ou national. Dans ce cas particulier, le pays X n'applique pas la règle fondée sur un ratio déterminé aux entités autonomes (même si le chapitre 3 indique qu'un pays peut appliquer cette règle à toutes les entités, y compris autonomes).

2. Une règle fondée sur un ratio de groupe, qui autorise une entité soumise à la règle fondée sur un ratio déterminé à déduire ses charges nettes d'intérêts jusqu'à concurrence du ratio intérêts nets envers des tierces parties/EBITDA de son groupe, s'il est supérieur à 20 %.

3. Des règles ciblées qui neutralisent les risques spécifiques d'érosion de la base d'imposition et de transfert de bénéfices qui font intervenir des intérêts. Ces règles sont utilisées pour contrer les risques spécifiques d'érosion de la base d'imposition et de transfert de bénéfices liés aux intérêts posés par les entités autonomes. Certes règles ciblées visent à empêcher l'utilisation abusive des règles générales de limitation des intérêts par des entités membres d'un groupe multinational ou d'un groupe national.

4. Un plafonnement des charges nettes d'intérêts de l'ensemble des entités (y compris toutes les entités membres d'un groupe et les entités autonomes) à 30 % de l'EBITDA. Cette règle supplémentaire ne cible pas les pratiques d'érosion de la base d'imposition et de transfert de bénéfices qui font intervenir des intérêts, mais vise à atténuer le biais existant de la fiscalité en faveur du recours à l'emprunt plutôt qu'aux fonds propres.

233. Cette approche est résumée dans le tableau ci-dessous.

Tableau D.1. **Exemple d'association possible de l'approche de bonne pratique avec d'autres règles de limitation des intérêts**

	Entités membres de groupes multinationaux	Entités membres de groupes nationaux	Entités autonomes
Règle fondée sur un ratio déterminé (20 % de l'EBITDA)	✓	✓	-
Règle fondée sur un ratio de groupe	✓	✓	-
Règles ciblées couvrant des risques spécifiques	✓	✓	✓
Plafonnement des déductions nettes d'intérêts (30 % de l'EBITDA)	✓	✓	✓

234. L'application de ces règles par le pays X à cinq exemples d'entreprise est expliquée ci-dessous.

Tableau D.2. **Exemple d'application de l'approche de bonne pratique et d'autres règles de limitation des intérêts**

	A Co USD	**B Co USD**	**C Co USD**	**D Co USD**	**E Co USD**
EBITDA	100 millions	100 millions	100 millions	100 millions	100 millions
Intérêts nets	(15 millions)	(28 millions)	(33 millions)	(30 millions)	(35 millions)
Ratio intérêts nets du groupe envers des tierces parties/EBITDA	10 %	25 %	35 %	n/c	n/c

235. A Co est une entreprise membre d'un groupe multinational. A Co enregistre des charges nettes d'intérêts de 15 millions USD et un EBITDA de 100 millions USD. Étant donné que A a un ratio intérêts nets/EBITDA inférieur à 20 %, elle peut déduire l'intégralité de ses charges nettes d'intérêts. Aucune règle ciblée ne s'applique.

236. B Co est une entreprise membre d'un groupe multinational. B Co enregistre des charges nettes d'intérêts de 28 millions USD et un EBITDA de 100 millions USD. Étant donné que B Co a un ratio intérêts nets/EBITDA supérieur à 20 %, la règle fondée sur un ratio déterminé aurait pour effet de limiter ses déductions nettes d'intérêts à 20 million USD. Néanmoins, B Co étant membre d'un groupe dont le ratio intérêts nets envers des tierces parties/EBITDA est de 25 %, elle peut appliquer la règle fondée sur un ratio de groupe et déduire des charges nettes d'intérêts de 25 millions USD. 3 millions USD de charges d'intérêts n'ouvrent pas droit à déduction. Aucune règle ciblée ne s'applique.

237. C Co est une entreprise membre d'un groupe national. C Co enregistre des charges nettes d'intérêts de 33 millions USD et un EBITDA de 100 millions USD. Étant donné que C Co a un ratio intérêts nets/EBITDA supérieur à 20 %, la règle fondée sur un ratio déterminé aurait pour effet de limiter ses déductions nettes d'intérêts à 20 millions USD. Néanmoins, C Co étant membre d'un groupe dont le ratio intérêts nets envers des tierces parties/EBITDA est de 35 %, elle peut appliquer la règle fondée sur un ratio de groupe et déduire plus de charges d'intérêts. Étant donné que le ratio de groupe dépasse le plafond des

déductions nettes d'intérêts, les déductions de C Co sont limitées à 30% de son EBITDA. Aussi, C Co peut déduire des charges nettes d'intérêts de 30 millions USD. 3 millions USD de charges d'intérêts n'ouvrent pas droit à déduction. Aucune règle ciblée ne s'applique.

238. D Co est une entité autonome qui ne fait partie d'aucun groupe. D Co est contrôlée par une personne physique qui détient 100% des actions ordinaires de la société. D Co enregistre des charges nettes de 30 millions USD et un EBITDA de 100 millions USD. Ces charges nettes d'intérêts incluent 5 millions USD payés au titre d'un dispositif qui est source d'érosion de la base d'imposition et de transfert de bénéfices (comme un « prêt artificiel » dans le cadre duquel D Co ne lève pas de nouveaux fonds). Étant donné que D Co est une entité autonome, elle n'est pas soumise à la règle fondée sur un ratio déterminé. En revanche, elle est assujettie à des règles ciblées qui neutralisent les risques spécifiques d'érosion de la base d'imposition et de transfert de bénéfices posés par les entités autonomes, ainsi qu'au plafonnement des déductions d'intérêts de 30% de l'EBITDA. Aussi, D Co peut déduire 25 millions USD de charges nettes d'intérêts. 5 millions USD de charges d'intérêts n'ouvrent pas droit à déduction.

239. E Co est une entité autonome qui ne fait partie d'aucun groupe. E Co enregistre des charges nettes d'intérêts envers des tierces parties de 35 millions USD et un EBITDA de 100 millions USD. Étant donné que E Co est une entité autonome, elle n'est pas soumise à la règle fondée sur un ratio déterminé. En revanche, elle est assujettie à des règles ciblées qui neutralisent les risques spécifiques d'érosion de la base d'imposition et de transfert de bénéfices (encore qu'aucune ne s'applique dans cette situation), ainsi qu'au plafonnement des déductions d'intérêts de 30% de l'EBITDA. Aussi, E Co peut déduire 30 millions USD de charges nettes d'intérêts. 5 millions USD de charges d'intérêts n'ouvrent pas droit à déduction.

240. Lorsqu'il introduit des règles de limitation des intérêts ou qu'il combine des règles, un pays peut devoir prendre en compte d'autres obligations constitutionnelles ou juridiques. Les pays membres de l'UE, par exemple, doivent se conformer au droit communautaire.

Exemple 3 : Intérêts et paiements économiquement équivalents à des intérêts

241. En 2015, A Co et sa filiale B Co s'entendent sur ce qui suit :

1. A Co émet pour 50 millions USD d'obligations au taux fixe de 5 %.
2. A Co conclut un accord d'échange de taux d'intérêt avec une banque tierce (la banque) aux termes duquel A Co perçoit des intérêts à taux fixe et verse des intérêts à taux variable sur la valeur nominale de l'émission de 50 millions USD.
3. B Co emprunte à la banque 10 millions USD à un taux d'intérêt variable.
4. L'emprunt de B Co auprès de la banque est couvert par une garantie d'A Co. En contrepartie, B Co verse à A Co des frais de garantie.
5. B Co bénéficie en outre auprès de la banque d'un crédit de trésorerie lui permettant d'emprunter très rapidement jusqu'à 500 000 USD sur de courtes durées. B Co se voit à ce titre facturer des frais de dossier.
6. B Co achète en crédit-bail une nouvelle usine et des machines qui seront utilisées pour ses activités.
7. A Co souscrit un contrat de location simple pour du matériel de bureau neuf.
8. B Co conclut un contrat prévoyant la fourniture de 10 millions de widgets par an au client pendant les trois années à venir. Ce contrat est couvert par une garantie de bonne exécution d'A Co, en contrepartie de laquelle B Co lui verse des frais de garantie.

9. B Co achète une série de contrats à terme sur l'aluminium pour se prémunir contre les fluctuations du cours de l'aluminium, composant essentiel de la fabrication des widgets.

10. A Co verse et déclare des dividendes d'un montant d'1 million USD à ses actionnaires détenteurs d'actions ordinaires.

242. Les sommes dues par A Co et B Co au titre des points 1), 2), 3), 4), 5) et 6) représentent toutes des intérêts d'emprunt, des paiements économiquement équivalents à des intérêts ou des dépenses liées à la levée de capitaux. Ces paiements sont donc soumis aux règles fondées sur un ratio déterminé et sur un ratio de groupe. Les montants dus au titre des points 7), 8), 9) et 10) ne relèvent pas de ces catégories (tout au moins dans ce cas de figure précis) et ne sauraient être soumis à ces règles.

Exemple 4 : Règle fondée sur un ratio déterminé (ratio de référence intérêts nets/EBITDA de 15 %)

Tableau D.3. **Fonctionnement de la règle fondée sur un ratio déterminé**

	Imposition séparée des entités			Imposition sur une base consolidée
	A1 Co USD	A2 Co USD	Total USD	A1 Co + A2 Co USD
Bénéfice imposable avant application de la règle fondée sur un ratio déterminé	70m	10m	80m	80m
+ charges nettes d'intérêts	+ 10m	+ 50m	+ 60m	+ 60m
+ amortissements et provisions	+ 20m	+ 40m	+ 60m	+ 60m
= EBITDA fiscal	= 100m	= 100m	= 200m	= 200m
x ratio de référence	x 15 %	x 15 %	-	x 15 %
= déduction maximale autorisée	= 15m	= 15m	-	= 30m
Charges d'intérêts non déductibles	0	35m	35m	30m

243. Dans l'exemple ci-dessus, A1 Co et A2 Co totalisent des charges d'intérêts non déductibles de 30 millions USD lorsque la règle fondée sur un ratio déterminé est appliquée au niveau du groupe local (régime d'imposition sur une base consolidée). Lorsqu'elles sont imposées séparément car soumises à un régime d'imposition séparée, elles totalisent en revanche des charges d'intérêts non déductibles de 35 millions USD (supportées par A2 Co). La situation est due au fait que A1 Co n'utilise pas pleinement son volant de déduction d'intérêts et aucune règle n'existe autorisant la cession d'un volant de déduction d'intérêts de A1 Co à A2 Co. Cet exemple illustre l'avantage potentiel d'appliquer la règle au niveau du groupe local (bien qu'il puisse aussi être obtenu si des règles autorisent la cession d'un volant de déduction d'intérêts au sein du groupe). Toutefois, en fonction de la situation individuelle de chaque membre du groupe, l'application de la règle au niveau du groupe peut aussi être désavantageuse, comme l'explique l'exemple ci-dessous.

Tableau D.4. **Impact des pertes sur le fonctionnement de la règle fondée sur un ratio déterminé**

	Imposition séparée des entités			Imposition sur une base consolidée
	A3 Co USD	A4 Co USD	Total USD	A3 Co + A4 Co USD
Bénéfice imposable/(pertes) avant application de la règle fondée sur un ratio déterminé	100m	(150m)	(50m)	(50m)
+ charges nettes d'intérêts	+ 20m	+ 20m	+ 40m	+ 40m
+ amortissements et provisions	+ 30m	+ 30m	+ 60m	+ 60m
= EBITDA fiscal	= 150m	= (100m)	= 50m	= 50m
x ratio de référence	x 15 %	x 15 %	-	x 15 %
= déduction maximale autorisée	= 22.5m	= 0	-	= 7.5m
Charges d'intérêts non déductibles	0	20m	20m	32.5m

244. Lorsqu'une des entités du groupe réalise des pertes et la règle fondée sur un ratio déterminé est appliquée au niveau du groupe local, le total des charges d'intérêts non déductibles est plus élevé que si la règle était appliquée au niveau de chaque entité. Dans l'exemple ci-dessus, A3 Co et A4 Co totalisent des charges d'intérêts non déductibles de 32.5 millions USD lorsqu'elles sont soumises à un régime d'imposition sur une base consolidée. Lorsqu'elles sont imposées séparément car soumises à un régime d'imposition séparée, elles totalisent en revanche des charges d'intérêts non déductibles de 20 millions USD (supportées par A4 Co). La situation est due au fait que la perte de A4 Co réduit partiellement la capacité de A3 Co à absorber des déductions d'intérêts.

Exemple 5 : Application des facteurs prévus pour fixer un ratio de référence à l'intérieur de la fourchette

245. Comme le chapitre 6 l'explique, il est recommandé qu'un pays utilise les facteurs décrits dans ce chapitre, ainsi que d'autres facteurs pertinents, pour fixer son ratio de référence à l'intérieur de la fourchette de 10 % à 30 %. Cet exemple illustre quelques-unes des solutions possibles pour y parvenir, en s'inspirant de trois pays qui veulent adopter une règle fondée sur un ratio déterminé : le pays A, le pays B et le pays C. D'autres approches sont néanmoins possibles.

246. Le pays A examine chacun des facteurs énumérés au chapitre 6 :

1. Il veut introduire la règle fondée sur un ratio déterminé parallèlement à une règle fondée sur un ratio de groupe.
2. Il veut autoriser les entités à reporter en arrière, sur une période de trois ans, des charges d'intérêts non déductibles.
3. Il n'applique pas d'autres règles fiscales ciblant les risques couverts par l'Action 4.
4. Son taux d'intérêt n'est pas élevé par rapport à d'autres pays.
5. Aucune règle juridique ou constitutionnelle n'impose d'appliquer le même traitement à différents types d'entités.
6. Il n'a pas l'intention d'appliquer différents ratios en fonction de la taille du groupe de l'entité.

247. En outre, le pays A effectue sa propre analyse et conclut que les groupes exerçant des activités sur son sol ont généralement des ratios charges nettes d'intérêts envers des tierces parties/EBITDA qui sont bas. Le pays A souhaite également suivre une approche stricte pour lutter contre les pratiques d'érosion de la base d'imposition et de transfert de bénéfices qui font intervenir des intérêts.

248. Le pays A juge que les facteurs 1 à 5, ainsi que des facteurs supplémentaires, plaident en faveur d'un ratio de référence plus bas, tandis qu'aucun facteur ne suggère un ratio plus élevé. Il décide donc de fixer son ratio de référence dans le bas de la fourchette, comme l'illustre le graphique ci-dessous.

249. Le pays B examine chacun des facteurs énumérés au chapitre 6 :

1. Il veut introduire la règle fondée sur un ratio déterminé parallèlement à une règle fondée sur un ratio de groupe.
2. Il veut autoriser les entités à reporter en avant, sans limitation, la capacité inutilisée à déduire des intérêts.
3. Il applique d'autres règles fiscales qui visent spécifiquement certains risques couverts par l'Action 4, mais pas tous.
4. Son taux d'intérêt est légèrement plus élevé que d'autres pays.
5. Sa législation l'oblige à appliquer le même ratio déterminé aux entités membres de groupes multinationaux, aux entités membres de groupes nationaux et aux entités autonomes.
6. Il a l'intention d'appliquer un ratio de référence aux entités appartenant à de grands groupes et un ratio différent aux autres entités.

250. Le pays B ne prend en compte aucun autre facteur que ceux mentionnés ci-dessus.

251. Le pays B juge que deux facteurs (1 et 2) plaident en faveur d'un ratio de référence plus bas, tandis que trois facteurs (3 à 5) suggèrent un ratio de référence plus élevé. Il décide également d'affecter une pondération plus faible aux facteurs 3 et 4 pour les raisons suivantes : *(i)* bien que certains risques d'érosion de la base d'imposition et de transfert de bénéfices couverts par l'Action 4 soient neutralisés par d'autres règles fiscales, certains de ces risques subsistent, et *(ii)* bien que son taux d'intérêt soit légèrement supérieur à celui d'autres pays, il n'est pas sensiblement plus élevé.

252. C'est pourquoi le pays B décide de ne pas fixer son ratio de référence pour la plupart des entités dans le haut de la fourchette, mais plutôt dans la plage indiquée dans le graphique ci-dessous. En outre, conscient que les grands groupes ont généralement un ratio charges nettes d'intérêts envers des tierces parties/EBITDA plus bas que d'autres groupes, il décide d'appliquer un ratio plus bas aux entités membres de grands groupes.

253. Le pays C examine chacun des facteurs énumérés au chapitre 6 :

1. Il veut introduire la règle fondée sur un ratio déterminé de façon isolée, sans l'accompagner d'une règle fondée sur un ratio de groupe.
2. Il ne veut pas autoriser les entités à reporter sur une période ultérieure une capacité inutilisée à déduire des intérêts ou à reporter sur une période antérieure des charges d'intérêts non déductibles.
3. Il a adopté d'autres règles fiscales qui ciblent l'ensemble des aspects à traiter au titre de l'Action 4.
4. Son taux d'intérêt est élevé par rapport à ceux d'autres pays.

5. Sa constitution l'oblige à appliquer le même ratio déterminé aux entités membres de groupes multinationaux, aux entités membres de groupes nationaux et aux entités autonomes.
6. Il n'a pas l'intention d'appliquer différents ratios déterminés en fonction de la taille du groupe.

254. En outre, le pays C mène une politique macroéconomique visant à encourager le recours à l'emprunt auprès de tierces parties dès lors qu'il n'ouvre pas la voie à des pratiques d'érosion de la base d'imposition et de transfert de bénéfices, dans le but de stimuler l'investissement.

255. Le pays C juge que les facteurs 1 à 5, ainsi que le facteur supplémentaire, plaident en faveur d'un ratio de référence plus élevé, tandis qu'aucun facteur ne justifie d'opter pour un ratio plus bas. Il conclut donc qu'il est libre de fixer son ratio de référence n'importe où dans la fourchette retenue, entre 10% et 30%.

Graphique **D.1. Application des facteurs en vue de fixer un ratio de référence à l'intérieur de la fourchette**

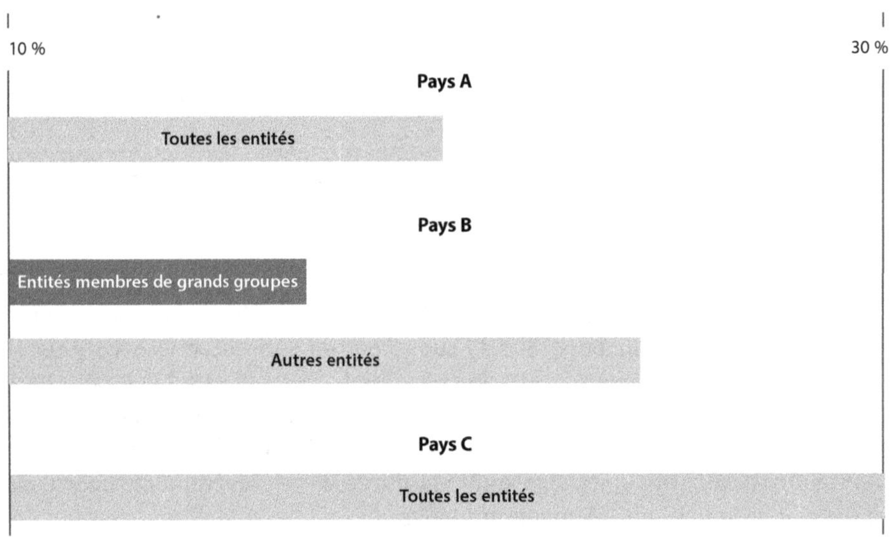

Exemple 6 : Fonctionnement d'une règle fondée sur un ratio de groupe basé sur un ratio charges nettes d'intérêts envers des tierces parties/EBITDA

256. Les exemples 6a à 6c ci-dessous illustrent comment, dans un cas simple, une règle fondée sur un ratio de groupe basé sur un ratio charges nettes d'intérêts envers des tierces parties/EBITDA pourrait permettre à une entité qui dépasse le ratio de référence de déduire plus d'intérêts, à concurrence du ratio charges nettes d'intérêts envers des tierces parties/EBITDA de son groupe.

257. Dans ces exemples, A Co est une entité résidente du pays A. Le pays A applique une règle fondée sur un ratio déterminé décrite au chapitre 6 avec un ratio de référence de 20%. A Co fait partie d'un groupe multinational (le groupe). Les charges nettes d'intérêts et l'EBITDA de A Co et du groupe sont indiqués dans le tableau ci-dessous.

Tableau D.5. **Fonctionnement d'une règle fondée sur un ratio de groupe basé sur un ratio charges nettes d'intérêts envers des tierces parties/EBITDA**

	Charges nettes d'intérêts USD	EBITDA USD
A Co	(10 millions)	30 millions
Groupe	(100 millions)	400 millions

Exemple 6a – Le pays A applique une règle fondée sur un ratio déterminé de façon isolée

258. Dans cet exemple, le pays A applique une règle fondée sur un ratio déterminé avec un ratio de référence de 20 %. Il n'applique pas de règle fondée sur un ratio de groupe.

259. La capacité de déduire des intérêts de A Co est calculée en appliquant le ratio de référence de 20 % à son EBITDA de 30 millions USD. Sa capacité de déduire des intérêts est donc de 6 millions USD. Sur ses charges nettes d'intérêts totales de 10 millions USD, 6 millions USD sont déductibles et 4 millions USD n'ouvrent pas droit à déduction.

Exemple 6b – Le pays A applique une règle fondée sur un ratio déterminé conjuguée à une règle fondée sur un ratio de groupe

260. Dans cet exemple, le pays A applique une règle fondée sur un ratio déterminé avec un ratio de référence de 20 %, ainsi qu'une règle fondée sur un ratio de groupe basé sur un ratio charges nettes d'intérêts envers des tierces parties/EBITDA. Dans le cadre de la règle fondée sur un ratio de groupe, le pays A n'applique pas de majoration aux charges nettes d'intérêts du groupe envers des tierces parties.

261. En vertu de la règle fondée sur un ratio déterminé, la capacité de déduire des intérêts de A Co est calculée en appliquant le ratio de référence de 20 % à son EBITDA de 30 millions USD. Sa capacité de déduire des intérêts est donc de 6 millions USD avec cette règle.

262. En vertu de la règle fondée sur un ratio de groupe, A Co calcule d'abord le ratio charges nettes d'intérêts envers des tierces parties/EBITDA de son groupe, sur la base de charges nettes de 100 millions USD et d'un EBITDA de groupe de 400 millions USD. Le ratio du groupe est donc de 25 %. A Co applique le ratio de groupe à son EBITDA de 30 millions USD. Sa capacité de déduction d'intérêts est donc de 7.5 millions USD avec cette règle.

263. La capacité à déduire des intérêts de A Co est supérieure avec la règle fondée sur un ratio de groupe, aussi cette règle prévaut. Sur ses charges nettes d'intérêts totales de 10 millions USD, 7.5 millions USD sont déductibles et 2.5 millions USD n'ouvrent pas droit à déduction.

Exemple 6c – Le pays A applique une règle fondée sur un ratio déterminé conjuguée à une règle fondée sur un ratio de groupe, en majorant de 10 % les charges nettes d'intérêts envers des tierces parties

264. Dans cet exemple, le pays A applique une règle fondée sur un ratio déterminé avec un ratio de référence de 20 %, ainsi qu'une règle fondée sur un ratio de groupe basé sur un ratio charges nettes d'intérêts envers des tierces parties/EBITDA. Dans le cadre de la règle fondée sur un ratio de groupe, le pays A majore de 10 % les charges nettes d'intérêts du groupe envers des tierces parties.

265. En vertu de la règle fondée sur un ratio déterminé, la capacité à déduire des intérêts de A Co est calculée en appliquant le ratio de référence de 20 % à son EBITDA de 30 millions USD. Sa capacité de déduction d'intérêts est donc de 6 millions USD avec cette règle.

266. En vertu de la règle fondée sur un ratio de groupe, A Co calcule d'abord le ratio charges nettes d'intérêts envers des tierces parties/EBITDA de son groupe. Elle s'appuie sur des charges nettes d'intérêts ajustées du groupe envers des tierces parties de 110 millions USD (après application de la majoration de 10 % aux charges nettes de 100 millions USD) et sur un EBITDA de groupe de 400 millions USD. Le ratio du groupe est donc de 27.5 %. A Co applique le ratio de groupe à son EBITDA de 30 millions USD. Sa capacité à déduire des intérêts est donc de 8.25 millions USD avec cette règle.

267. La capacité à déduire des intérêts de A Co est supérieure avec la règle fondée sur un ratio de groupe, aussi cette règle prévaut. Sur ses charges nettes d'intérêts totales de 10 millions USD, 8.25 millions USD sont déductibles et 1.75 million USD n'ouvre pas droit à déduction.

Exemple 7 : Définition d'un groupe avec une règle fondée sur un ratio de groupe

268. Les exemples 7a à 7e ci-dessous montrent comment un groupe est défini aux fins de l'application d'une règle fondée sur un ratio de groupe, sur la base de faits différents.

Exemple 7a – Sociétés détenues par une personne physique

Graphique D.2. **Sociétés détenues par une personne physique**

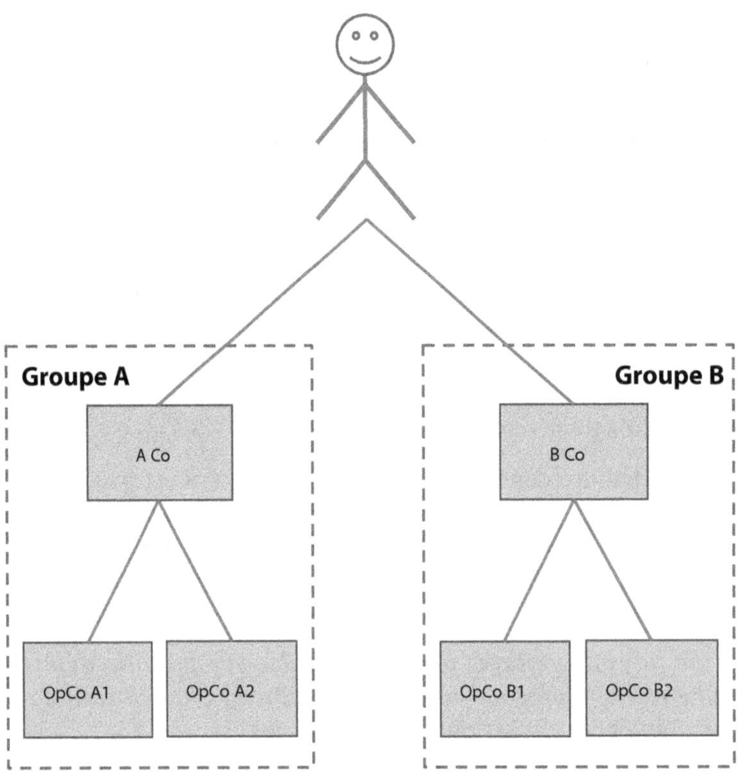

269. Dans cet exemple simple, une personne physique détient la majorité du capital de deux sociétés, A Co et B Co, qui comptent chacune un certain nombre de filiales. A Co et B Co se situent au sommet de leur structure de détention respective (aucune entité n'exerce

de contrôle sur elles). Une personne physique ne peut pas être la société mère d'un groupe. Aussi, dans le cadre de l'application de la règle fondée sur un ratio de groupe, il existe deux groupes. Le groupe A comprend A Co et toutes les entités incluses dans les états financiers consolidés de A Co, tandis que le groupe B comprend B Co et toutes les entités incluses dans les états financiers consolidés de B Co.

270. Pour appliquer une règle fondée sur un ratio de groupe, il est également nécessaire de déterminer quelles sont les personnes physiques et les entités liées à un groupe, car cela peut être pertinent pour calculer les charges nettes d'intérêts du groupe envers des tierces parties. Dans cet exemple, le groupe A est lié à la personne physique, ainsi qu'aux entités du groupe B. De même, le groupe B est lié à la personne physique et aux entités du groupe A.

Exemple 7b – Sociétés détenues par une société en commandite simple

271. Des entités qui ne sont pas des personnes morales, comme une société en commandite simple, ne peuvent pas être la société mère d'un groupe aux fins de la règle fondée sur un ratio de groupe. Un groupe d'entreprises détenu dans le cadre d'une telle structure peut être considéré comme un groupe, mais ce groupe ne comprendra pas la société en commandite simple, les fonds éventuellement créés par la société en commandite simple pour détenir des investissements, ou d'autres groupes intégrés à cette structure. Cette situation est illustrée dans le schéma ci-dessous, dans lequel le groupe A, le groupe B et le groupe C sont traités comme des groupes distincts pour l'application de la règle fondée sur un ratio de groupe. Toutefois, la société en commandite simple, les fonds et l'entreprise de gestion de la trésorerie ne feraient pas partie d'un groupe.

272. Bien que la société en commandite simple, les fonds et l'entreprise de gestion de la trésorerie ne fassent pas partie d'un groupe aux fins de la règle fondée sur un ratio de groupe, ils seraient considérés comme liés à chacun des groupes A, B et C. De même, les

Graphique D.3. **Sociétés détenues par une société en commandite simple**

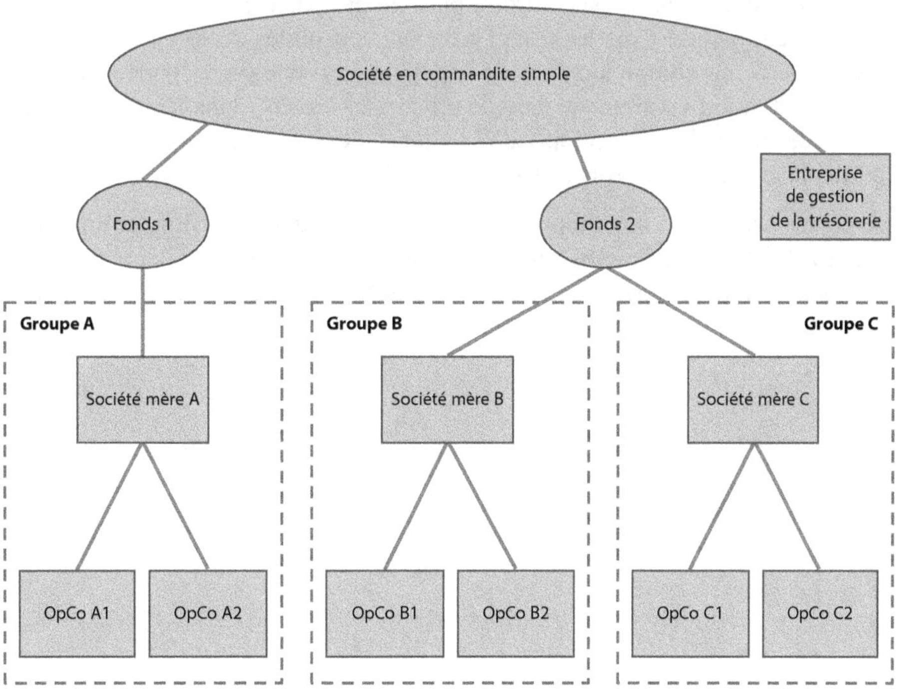

entités membres de chacun de ces trois groupes seraient considérées comme liées entre elle (ainsi, les entités du groupe A sont liées aux entités du groupe B et du groupe C, et ainsi de suite).

Exemple 7c – Coentreprise contrôlée par un groupe d'investissement

Graphique D.4. **Coentreprise contrôlée par un groupe d'investissement**

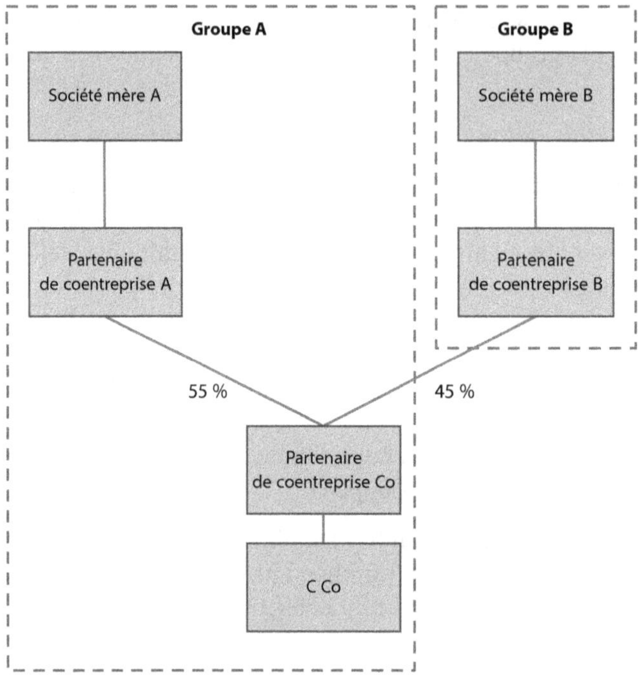

273. Lorsqu'une coentreprise est contrôlée par l'un des partenaires de la coentreprise, elle sera généralement incluse dans les états financiers consolidés du groupe de contrôle. Elle fera donc partie de ce groupe aux fins de l'application d'une règle fondée sur un ratio de groupe. Cette situation est illustrée dans le schéma ci-dessus, dans lequel le partenaire A détient 55 % des parts de la coentreprise Co. Dans ce cas, la coentreprise Co et ses filiales feront partie du groupe A aux fins de l'application d'une règle fondée sur un ratio de groupe.

274. Le partenaire B et la coentreprise Co ne font pas partie du même groupe. Toutefois, le partenaire B détient un investissement supérieur à 25 % dans la coentreprise Co et les deux entités sont donc des parties liées (selon la définition d'une partie liée figurant dans le chapitre 9).

Exemple 7d – Coentreprise qui n'est pas contrôlée par un groupe d'investissement

Graphique D.5. **Coentreprise qui n'est pas contrôlée par un groupe**

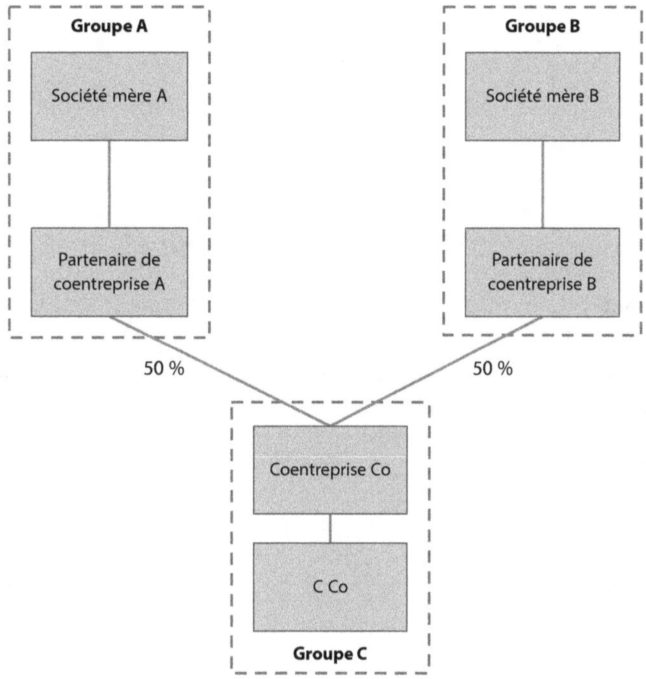

275. Lorsqu'aucun investisseur n'exerce un contrôle global sur une coentreprise, chaque groupe d'investissement inscrira en général la coentreprise dans ses états financiers consolidés selon la méthode de la mise en équivalence. La coentreprise n'est consolidée dans aucun groupe d'investissement et ne fait pas partie de ces groupes aux fins d'une règle fondée sur un ratio de groupe. Cette situation est illustrée dans le schéma ci-dessus, dans lequel le partenaire A et le partenaire B détiennent chacun une participation de 50% dans la coentreprise Co, et il n'existe aucun autre accord qui donnerait le contrôle à l'un des investisseurs. La coentreprise Co et sa filiale ne feront pas partie du groupe A ou du groupe B. En revanche, la coentreprise et sa filiale constituent un groupe distinct (groupe C). Toutefois, la coentreprise sera liée à la fois au partenaire A et au partenaire B.

Exemple 7e – Structure de détention dirigée par une entité d'investissement

Graphique D.6. **Structure de détention dirigée par une entité d'investissement**

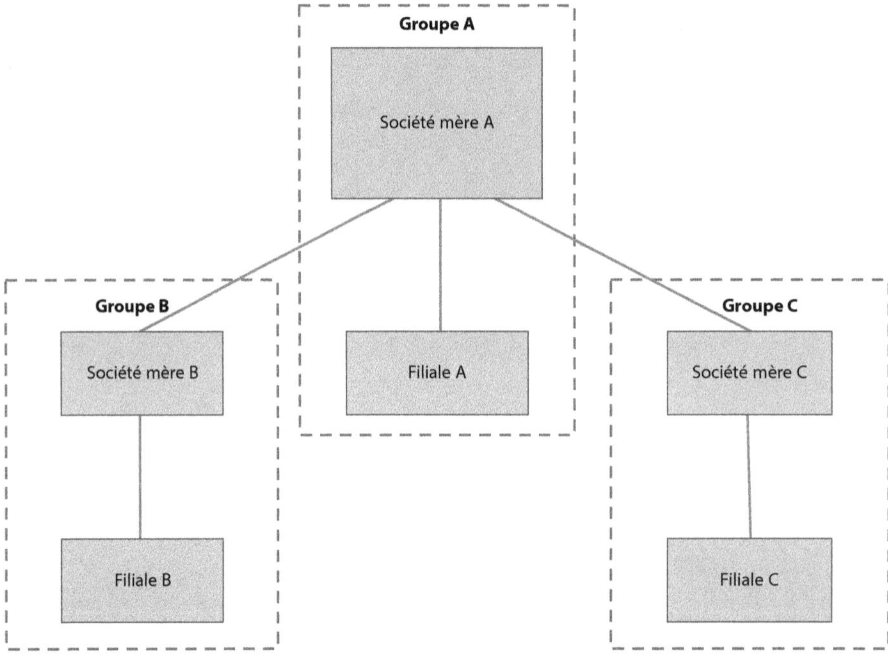

276. Dans cet exemple, la société A est une entité d'investissement qui contrôle directement trois entreprises. La société mère A se situe au sommet de la structure.

277. La filiale A rend des services liés aux activités d'investissement de la société mère A et est consolidée dans les états financiers consolidés de la société mère A.

278. La société mère B et la société mère C sont détenues par la société mère A dans un but d'appréciation du capital et de revenu d'investissement. À ce titre, elles sont inscrites dans les états financiers consolidés de la société mère A en tant qu'investissements comptabilisés à leur juste valeur.

279. La société mère A et la filiale A constituent un groupe (groupe A) aux fins de l'application de la règle fondée sur un ratio de groupe. La société mère B et la société mère C ne sont pas membres du groupe A. En revanche, chacune de ces entreprises forme un groupe distinct englobant leurs filiales respectives (groupes B et C).

Exemple 8 : Application d'un ratio de groupe à l'EBITDA fiscal ou à l'EBITDA comptable d'une entité

280. Comme le chapitre 7 l'explique, lorsqu'une règle fondée sur un ratio de groupe est appliquée, l'EBITDA d'une entité peut être calculé en suivant des principes fiscaux ou comptables. Chacune de ces approches présente des avantages et des inconvénients, qui sont examinés dans les exemples 8a à 8c ci-dessous, sur la base du scénario suivant.

Tableau D.6. **Application d'un ratio de groupe à l'EBITDA fiscal ou à l'EBITDA comptable d'une entité**

	Données comptables		Données fiscales	
	Charges nettes d'intérêts USD	EBITDA USD	Charges nettes d'intérêts USD	EBITDA USD
Groupe	(100 millions)	1 milliard	n/c	n/c
A Co	(20 millions)	100 millions	(18 millions)	80 millions

Ratio charges nettes d'intérêts envers des tierces parties/EBITDA du groupe = (100 millions USD / 1 milliard USD) x 100 = 10%

Exemple 8a – Calcul de l'EBITDA en suivant des principes fiscaux

281. Dans cet exemple, la capacité de A Co de déduire des intérêts est calculée en appliquant le ratio charges nettes d'intérêts envers des tierces parties/EBITDA du groupe de 10% à l'EBITDA fiscal de A Co de 80 millions USD. Cette limite peut être appliquée directement aux charges nettes d'intérêts de A Co à des fins fiscales. Sur les charges nettes d'intérêts totales de 18 millions USD de A Co, 8 millions USD sont déductibles et 10 millions USD n'ouvrent pas droit à déduction.

282. Le calcul de l'EBITDA en suivant des principes fiscaux est cohérent avec les recommandations au titre de la règle fondée sur un ratio déterminé. Il est simple à appliquer par les groupes et à vérifier par les autorités fiscales, et présente l'avantage, dans l'optique de la lutte contre l'érosion de la base d'imposition et le transfert de bénéfices, que les déductions d'intérêts d'une entité sont liées au niveau de son bénéfice imposable. Par conséquent, si le bénéfice imposable d'une entité est supérieur à son bénéfice comptable, sa capacité à déduire des charges d'intérêts s'en trouvera majorée d'autant. De même, si une entité se livre à des pratiques de planification fiscale en vue de minorer son bénéfice imposable, elle pourra déduire moins de charges nettes d'intérêts.

Exemple 8b – Calcul de l'EBITDA en suivant des principes comptables

283. Dans cet exemple, la capacité de A Co à déduire des intérêts est calculée en appliquant le ratio charges nettes d'intérêts envers des tierces parties/EBITDA du groupe de 10% à l'EBITDA comptable de A Co de 100 millions USD. Cette limite peut être appliquée directement aux charges nettes d'intérêts de A Co à des fins fiscales. Sur les charges nettes d'intérêts totales de 18 millions USD de A Co, 10 millions USD sont déductibles et 8 millions USD n'ouvrent pas droit à déduction.

284. Avec cette approche, la capacité à déduire des intérêts est calculée en utilisant des informations comptables uniquement. L'approche est simple à appliquer par les groupes et à vérifier par les autorités fiscales. Toutefois, un problème pourrait se poser en cas d'écart significatif entre le calcul des charges nettes d'intérêts selon les règles fiscales et comptables. Par exemple, une entité pourrait supporter un montant élevé de charges d'intérêts non déductibles si la définition des intérêts qu'elle utilise à des fins fiscales est plus large qu'à des fins comptables (puisque la capacité à déduire des intérêts a été calculée en appliquant la définition comptable plus étroite).

Exemple 8c – Ajustement de la limite des déductions calculée selon les principes comptables au titre de différences entre les définitions fiscale et comptable des intérêts

285. Cet exemple illustre une approche visant à atténuer l'impact de différences entre les charges nettes d'intérêts d'une entité à des fins fiscales et à des fins comptables. Avec cette approche, la limite de déduction d'intérêts calculée selon les principes comptables à l'exemple 8b est comparée avec les charges nettes d'intérêts de l'entité à des fins comptables, pour déterminer le pourcentage compris dans cette limite. Lorsque ce chiffre est de 100 % (la totalité des charges nettes d'intérêts de l'entité est comprise dans la limite), toutes les charges nettes d'intérêts de l'entité à des fins fiscales sont déductibles. Si le pourcentage est inférieur à 100 %, le pourcentage correspondant des charges nettes d'intérêts de l'entité à des fins fiscales est déductible, le reste non déductibles (si 90 % des charges nettes d'intérêts comptables de l'entité sont comprises dans la limite, 90 % de ses charges nettes d'intérêts fiscales seraient déductibles).

286. Si cette approche est appliquée à A Co, le ratio charges nettes d'intérêts/EBITDA du groupe de 10 % est appliqué à l'EBITDA comptable de A Co de 100 millions USD pour aboutir à une limite comptable de 10 millions USD. Cette limite est comparée aux charges nettes d'intérêts de A Co à des fins comptables d'un montant de 20 millions USD, dont 50 % sont compris dans cette limite. Ce pourcentage est alors appliqué aux charges nettes d'intérêts de A Co à des fins fiscales. Ainsi, sur un total de charges nettes d'intérêts de A Co à des fins fiscales de 18 millions USD, 9 millions USD sont déductibles et 9 millions USD n'ouvrent pas droit à déduction.

287. Par rapport à l'approche comptable décrite à l'exemple 8b, cette approche aurait pour effet que si les charges nettes d'intérêts d'une entité à des fins fiscales dépassent celles à des fins comptables, elle pourrait déduire plus d'intérêts. En revanche, si elles sont inférieures, elle pourrait déduire moins d'intérêts. De fait, la limite des déductions établie selon des principes comptables est modulée pour tenir compte des différences entres les charges nettes d'intérêts à des fins fiscales et à des fins comptables.

Exemple 9 : Traitement des entités déficitaires au sein d'un groupe

Exemple 9a – Impact de pertes sur le fonctionnement d'une règle fondée sur un ratio de groupe

Tableau D.7. **Impact de pertes sur le fonctionnement d'une règle fondée sur un ratio de groupe**

	A Co USD	B Co USD	C Co USD	Group USD
EBITDA	100 millions	10 millions	(100 millions)	10 millions
Intérêts nets	(20 millions)	(2 millions)	10 millions	(12 millions)
Ratio intérêts/EBITDA du groupe	-	-	-	120 %
Capacité à déduire des intérêts	120 millions	12 millions	0	-
Charges d'intérêts déductibles	(20 millions)	(2 millions)	0	-
Charges d'intérêts non déductibles	-	-	-	-
Capacité non utilisée à déduire des intérêts	100 millions	10 millions	-	-

288. Dans cet exemple, A Co enregistre un EBITDA de 100 millions USD et des charges nettes d'intérêts de 20 millions USD. B Co enregistre un EBITDA de 10 millions USD et des charges nettes d'intérêts de 2 millions USD. Toutefois, C Co affiche un EBITDA négatif (pertes) de 100 millions USD et reçoit des produits nets d'intérêts de 10 millions USD. Aussi, lorsqu'on examine le groupe dans son ensemble, il totalise un EBITDA de 10 millions USD et des charges nettes d'intérêts de 12 millions USD. Le ratio charges nettes d'intérêts envers des tierces parties/EBITDA du groupe est de 120 %.

289. Ce ratio de groupe très élevé génère deux problèmes. Premièrement, pour l'exercice en cours, A Co bénéficie d'une capacité à déduire des intérêts de 120 millions USD, soit plus que les charges nettes d'intérêts effectives du groupe envers des tierces parties. Cela signifie qu'en principe, l'entreprise pourrait déduire plus d'intérêts que les charges nettes d'intérêts totales du groupe envers des tierces parties. Deuxièmement, même après déduction de leurs charges pour l'exercice en cours, A Co et B Co disposent toujours d'une importante capacité de déduction inutilisée. Si une règle autorise le report en avant d'une capacité inutilisée à déduire des intérêts, cette capacité pourrait être reportée sur des périodes futures et utilisée pour garantir des déductions d'intérêts supplémentaires.

290. En un certain sens, ce problème se pose parce que C Co (qui a un EBITDA négatif de 100 millions USD) n'est pas tenue de comptabiliser une capacité négative à déduire des intérêts de 120 millions USD. Si tel était le cas, la capacité à déduire des intérêts du groupe dans son ensemble serait égale aux charges nettes d'intérêts du groupe envers des tierces parties de 12 millions USD. Toutefois, la comptabilisation d'une capacité négative à déduire des intérêts pour les entités déficitaires n'est pas recommandée dans le cadre de l'approche de bonne pratique.

Exemple 9b – Plafonnement de la capacité à déduire des intérêts

Tableau D.8. **Application d'un plafond à la capacité à déduire des intérêts**

	A Co USD	B Co USD	C Co USD	Groupe USD
EBITDA	100 millions	10 millions	(100 millions)	10 millions
Intérêts nets	(20 millions)	(2 millions)	10 millions	(12 millions)
Ratio intérêts/EBITDA du groupe	-	-	-	120 %
Capacité à déduire des intérêts	12 millions	12 millions	0	-
Charges d'intérêts déductibles	(12 millions)	(2 millions)	0	-
Charges d'intérêts non déductibles	(8 millions)	-	-	-
Capacité non utilisée à déduire des intérêts	-	10 millions	-	-

291. Dans cet exemple, la situation du groupe est la même que dans l'exemple 9a. Toutefois, la capacité à déduire des intérêts de A Co est désormais soumise à une limite égale aux charges nettes d'intérêts du groupe envers des tierces parties. Aussi, cette capacité est plafonnée à 12 millions USD (charges nettes d'intérêts totales du groupe envers des tierces parties). A Co peut déduire des charges nettes d'intérêts de 12 millions USD et peut reporter sur des périodes futures 8 millions USD de charges d'intérêts non déductibles, si la loi l'autorise.

292. Comme dans l'exemple précédent, B Co a une capacité de déduction d'intérêts de 12 millions USD et peut ainsi déduire l'intégralité de ses charges nettes d'intérêts de 2 millions USD. Elle peut également reporter en avant une capacité inutilisée à déduire des intérêts de 10 millions USD, si la règle du pays l'autorise. Comme le chapitre 7 l'explique, il est suggéré que les pays envisagent de limiter la portée d'une clause de report en avant, et notamment d'une capacité inutilisée à déduire des intérêts, dans le temps et/ou en valeur.

293. Il convient d'observer que si l'EBITDA du groupe n'avait pas été minoré par les pertes de C Co, le ratio des charges nettes d'intérêts envers des tierces parties/EBITDA du groupe aurait été d'environ 10.9 % (12 millions USD/110 millions USD). Dans ce cas, A Co aurait pu déduire environ 10.9 millions USD de charges nettes d'intérêts. Aussi, le plafonnement de la capacité à déduire des intérêts n'a pas pour effet de faire passer les déductions nettes d'intérêts de A Co sous le niveau qui aurait été autorisé en l'absence de pertes dans C Co.

Exemple 9c – Groupes affichant un EBITDA consolidé négatif

Tableau D.9. **Groupes affichant un EBITDA consolidé négatif**

	A Co USD	B Co USD	C Co USD	Groupe USD
EBITDA	100 millions	10 millions	(120 millions)	(10 millions)
Intérêts nets	(20 millions)	(2 millions)	10 millions	(12 millions)
Ratio intérêts/EBITDA du groupe	-	-	-	n/c
Capacité à déduire des intérêts	12 millions	2 millions	0	-
Charges d'intérêts déductibles	(12 millions)	(2 millions)	0	-
Charges d'intérêts non déductibles	(8 millions)	-	-	-
Capacité non utilisée à déduire des intérêts	-	-	-	-

294. Dans cet exemple, C Co affiche des pertes de 120 millions USD. Le groupe enregistre une perte globale (EBITDA négatif) de 10 millions USD, de sorte qu'il n'est pas possible de calculer un ratio de groupe pertinent. A Co et B Co ont donc une capacité à déduire des intérêts égale à leurs charges nettes d'intérêts ou aux charges nettes d'intérêts du groupe envers des tierces parties, le montant le plus faible des deux étant retenu.

295. A Co a des charges nettes d'intérêts de 20 millions USD, soit plus que les charges nettes d'intérêts du groupe envers des tierces parties de 12 millions USD. La capacité de A Co à déduire des intérêts est donc de 12 millions USD. A Co peut déduire des charges nettes d'intérêts de 12 millions USD et peut reporter sur des périodes futures 8 millions USD de charges d'intérêts non déductibles, si la loi l'autorise.

296. B Co a des charges nettes d'intérêts de 2 millions USD, soit moins que les charges nettes d'intérêts du groupe envers des tierces parties de 12 millions USD. La capacité de B Co à déduire des intérêts est donc de 2 millions USD. B Co peut déduire l'intégralité de ses charges nettes d'intérêts de 2 millions USD. Il n'existe pas de capacité inutilisée à déduire des intérêts.

Exemple 9d – Exclusion des entités déficitaires du calcul de l'EBITDA du groupe pour un groupe bénéficiaire

Tableau D.10. **Exclusion des entités déficitaires du calcul de l'EBITDA du groupe pour un groupe bénéficiaire**

	A Co USD	B Co USD	C Co USD	Groupe USD
EBITDA	100 millions	10 millions	(100 millions)	110 millions
Intérêts nets	(20 millions)	(2 millions)	10 millions	(12 millions)
Ratio intérêts/EBITDA du groupe	-	-	-	10.9 %
Capacité à déduire des intérêts	10.9 millions	1.1 million	0	-
Charges d'intérêts déductibles	(10.9 millions)	(1.1 million)	0	-
Charges d'intérêts non déductibles	(9.1 millions)	(0.9 million)	-	-
Capacité non utilisée à déduire des intérêts	-	-	-	-

297. Cet exemple est basé sur les mêmes faits que ceux de l'exemple 9a. Dans le cas présent, l'EBITDA négatif de C Co n'a pas été pris en compte pour le calcul de l'EBITDA du groupe. Aussi, l'EBITDA du groupe est désormais de 110 millions USD et non plus de 10 millions USD. Cela signifie que le ratio intérêts/EBITDA du groupe est ramené à 10.9 %.

298. Ceci a pour effet que A Co a une capacité à déduire des intérêts de 10.9 millions USD et B Co de 1.1 million USD, soit un total de 12 millions USD, montant égal aux charges nettes d'intérêts du groupe envers des tierces parties. En excluant les pertes de C Co, la règle fondée sur un ratio de groupe permet au groupe de déduire un montant égal à ses charges nettes d'intérêts envers des tierces parties. Toutefois, il peut être très difficile pour les autorités fiscales des pays de A Co et de B Co d'établir précisément l'existence et la valeur de l'EBITDA négatif de C Co. Aussi, en pratique, un pays pourrait ne pas pouvoir suivre cette approche.

Exemple 9e – Exclusion des entités déficitaires du calcul de l'EBITDA du groupe pour un groupe déficitaire

Tableau D.11. **Exclusion des entités déficitaires du calcul de l'EBITDA du groupe pour un groupe déficitaire**

	A Co USD	B Co USD	C Co USD	Groupe USD
EBITDA	100 millions	10 millions	(120 millions)	110 millions
Intérêts nets	(20 millions)	(2 millions)	10 millions	(12 millions)
Ratio intérêts/EBITDA du groupe	-	-	-	10.9 %
Capacité à déduire des intérêts	10.9 millions	1.1 million	0	-
Charges d'intérêts déductibles	(10.9 millions)	(1.1 million)	0	-
Charges d'intérêts non déductibles	(9.1 millions)	(0.9 million)	-	-
Capacité non utilisée à déduire des intérêts	-	-	-	-

299. Cet exemple est basé sur les mêmes faits que ceux de l'exemple 9c. Toutefois, dans le cas présent, l'EBITDA négatif de C Co n'est pas pris en compte dans le calcul de l'EBITDA du groupe. Aussi, le groupe est en mesure de calculer un ratio charges nettes d'intérêts envers des tierces parties/EBITDA pertinent, et ce ratio est désormais de 10.9 %.

300. A Co a désormais une capacité à déduire des intérêts de 10.9 millions USD et celle de B Co est de 1.1 million USD, soit un total de 12 millions USD, montant égal aux charges nettes d'intérêts du groupe envers des tierces parties. En excluant les pertes de C Co, le groupe peut déduire un montant égal à ses charges nettes d'intérêts envers des tierces parties. Toutefois, il peut être très difficile pour les autorités fiscales des pays de A Co et de B Co d'établir précisément l'existence et la valeur de l'EBITDA négatif de C Co.

Exemple 10 : Règle fondée sur un ratio déterminé utilisant un EBITDA basé sur une moyenne sur trois ans

Tableau D.12. **Règle fondée sur un ratio déterminé utilisant un EBITDA basé sur une moyenne sur trois ans**

	Année (exercice fiscal actuel = t)					
	t-2 USD	t-1 USD	t USD	t+1 USD	t+2 USD	t+3 USD
Utilisation de l'EBITDA fiscal de l'exercice en cours						
Bénéfice imposable avant application de la règle fondée sur un ratio déterminé	380m	350m	100m	300m	320m	300m
+ charges d'intérêts nettes	+ 100m	+ 100m	+ 100m	+ 100m	+ 100m	+ 100m
+ amortissements et provisions	+ 50m	+ 50m	+ 50m	+ 50m	+ 50m	+ 50m
= EBITDA fiscal	= 530m	= 500m	= 250m	= 450m	= 470m	= 450m
x ratio de référence	x 30 %	x 30 %	x 30 %	x 30 %	x 30 %	x 30 %
= déduction maximale autorisée	= 159m	= 150m	= 75m	= 135m	= 141m	= 135m
Charges d'intérêts non déductibles	0	0	25m	0	0	0
Utilisation de la moyenne sur trois ans de l'EBITDA fiscal						
EBITDA fiscal moyen de l'exercice en cours + 2 exercices antérieurs			427m	400m	390m	457m
x ratio de référence			x 30 %	x 30 %	x 30 %	x 30 %
= déduction maximale autorisée			= 128m	= 120m	= 117m	= 137m
Charges d'intérêts non déductibles	0	0	0	0	0	0

301. Cet exemple montre comment l'impact négatif d'une baisse temporaire des bénéfices dans le cadre d'une règle fondée sur un ratio déterminé peut être atténué par l'utilisation d'une moyenne mobile sur trois ans pour l'EBITDA d'une entité.

302. Dans la partie supérieure du tableau, les charges d'intérêts excessives sont calculées en utilisant l'EBITDA fiscal de l'exercice en cours. L'année t, l'entité subit une baisse temporaire de ses bénéfices et, par conséquent, 25 millions USD de charges d'intérêts n'ouvrent pas droit à déduction. L'entité peut être en mesure de reporter ces charges sur des périodes futures si la loi l'autorise. La partie inférieure du tableau illustre l'effet de l'utilisation de la moyenne mobile de l'EBITDA fiscal sur les trois dernières années pour calculer le montant maximum des déductions autorisées. L'utilisation de la moyenne sur trois ans permet de répartir la baisse temporaire des bénéfices sur trois ans. Il s'ensuit que l'entité peut déduire la totalité de ses charges d'intérêts l'année t, tandis que le montant de sa déduction maximale autorisée les années t+1 et t+2 est plus faible que dans le premier cas.

Note

1. Tous les montants monétaires indiqués dans cette annexe sont libellés en dollars des États-Unis (USD). Ces exemples sont donnés à des fins d'illustration uniquement et ne reflètent pas des cas réels ou la position d'un pays en particulier.

Bibliographie

Blouin, J. et al. (2014), « Thin Capitalization Rules and Multinational Firm Capital Structure », *IMF Working Paper*, n° 14/12, Fonds monétaire international, Washington, DC.

Buettner, T. et al. (2012), « The impact of thin-capitalization rules on the capital structure of multinational firms », *Journal of Public Economics*, vol. 96, Elsevier, Amsterdam, pp. 930-938.

Buslei, H. et M. Simmler (2012), « The impact of introducing an interest barrier – Evidence from the German corporation tax reform 2008 », *DIW Discussion Papers*, n° 1215, DIW Berlin.

Desai, M.A., C.F. Foley et J.R. Hines (2004), « A Multinational Perspective on Capital Structure Choice and Internal Capital Markets », *The Journal of Finance*, vol. 59, American Finance Association, pp. 2451-2487.

Egger. P. et al. (2010), « Corporate taxation, debt financing and foreign-plant ownership », *European Economic Review*, vol. 54, Elsevier, Amsterdam, pp. 96-107.

Fuest, C., S. Hebous et N. Riedel (2011), « International debt shifting and multinational firms in developing economies », *Economic Letters*, vol. 113, Elsevier, Amsterdam, pp. 135-138.

Graetz, M.J. (2008), « A Multilateral Solution for the Income Tax Treatment of Interest Expenses », *Bulletin for International Taxation*, vol. 62, IBFD, pp. 486-493.

Haufler, A. et M. Runkel (2012), « Firms' financial choices and thin capitalization rules under corporate tax competition », *European Economic Review*, vol. 56, Elsevier, Amsterdam, pp. 1087-1103.

Huizinga, H., L. Laeven et G. Nicodeme (2008), « Capital structure and international debt shifting », *Journal of Financial Economics*, vol. 88, Elsevier, Amsterdam, pp. 80-118.

Mintz, J. et A.J. Weichenrieder (2005), « Taxation and the Financial Structure or German Outbound FDI », *CESifo Working Paper*, n° 1612.

Møen, J. et al. (2011), « International Debt Shifting: Do Multinationals Shift Internal or External Debt? », *University of Konstanz, Department of Economics Working Paper Series*,n° 2011-40.

OCDE (2013), *Plan d'action concernant l'érosion de la base d'imposition et le transfert de bénéfices*, Éditions OCDE, Paris, http://dx.doi.org/10.1787/9789264203242-fr.

Ruf, M. et D. Schindler (2012), « Debt Shifting and Thin Capitalization Rules – German Experience and Alternative Approaches », *Norwegian School of Economics, Bergen, NHH Discussion Paper RRR*, n° 06-2012.

Taylor, G. et G. Richardson (2013), « The determinants of thinly capitalized tax avoidance structures : Evidence from Australian firms », *Journal of International Accounting, Auditing and Taxation*, vol. 22, Elsevier, Amsterdam, pp. 12-25.

Weichenrieder, A.J. et H. Windischbauer (2008), « Thin-capitalization rules and company responses – Experience from German legislation », *CESifo Working Paper*, n° 2456.

ORGANISATION DE COOPÉRATION ET DE DÉVELOPPEMENT ÉCONOMIQUES

L'OCDE est un forum unique en son genre où les gouvernements oeuvrent ensemble pour relever les défis économiques, sociaux et environnementaux que pose la mondialisation. L'OCDE est aussi à l'avant-garde des efforts entrepris pour comprendre les évolutions du monde actuel et les préoccupations qu'elles font naître. Elle aide les gouvernements à faire face à des situations nouvelles en examinant des thèmes tels que le gouvernement d'entreprise, l'économie de l'information et les défis posés par le vieillissement de la population. L'Organisation offre aux gouvernements un cadre leur permettant de comparer leurs expériences en matière de politiques, de chercher des réponses à des problèmes communs, d'identifier les bonnes pratiques et de travailler à la coordination des politiques nationales et internationales.

Les pays membres de l'OCDE sont : l'Allemagne, l'Australie, l'Autriche, la Belgique, le Canada, le Chili, la Corée, le Danemark, l'Espagne, l'Estonie, les États-Unis, la Finlande, la France, la Grèce, la Hongrie, l'Irlande, l'Islande, Israël, l'Italie, le Japon, le Luxembourg, le Mexique, la Norvège, la Nouvelle-Zélande, les Pays-Bas, la Pologne, le Portugal, la République slovaque, la République tchèque, le Royaume-Uni, la Slovénie, la Suède, la Suisse et la Turquie. La Commission européenne participe aux travaux de l'OCDE.

Les Éditions OCDE assurent une large diffusion aux travaux de l'Organisation. Ces derniers comprennent les résultats de l'activité de collecte de statistiques, les travaux de recherche menés sur des questions économiques, sociales et environnementales, ainsi que les conventions, les principes directeurs et les modèles développés par les pays membres.

ÉDITIONS OCDE, 2, rue André-Pascal, 75775 PARIS CEDEX 16
(23 2015 31 2 P) ISBN 978-92-64-25014-7 – 2015

www.ingramcontent.com/pod-product-compliance
Lightning Source LLC
LaVergne TN
LVHW080658011026
849160LV00014B/1471
* 9 7 8 9 2 6 4 2 5 0 1 4 7 *